「何者」かになりたい

自分のストーリーを生きる

三浦崇宏

集英社

「何者」かになりたい

自分のストーリーを生きる

Prologue

人間はみんな弱い。
では強くなることは本当に大切なのか？

おれたちは「小さな物語」を共有し、つながっている

広告・PR業界にとどまらず、「変化と挑戦」を合言葉に自らの道を歩む三浦崇宏。彼の口から繰り出される言葉は、今どき珍しく真っ直ぐに熱い。その言葉は時には誰かを奮い立たせ、時には慰撫《いぶ》することもある。しかし、そんな三浦も悩み、立ち止まるときがある。

「最近は『メンタルが強いですよね』と人に言われたとき、『実際は弱いんですよ、強そうに見せているだけで』と言えるようになってきた。物心ついてからずっと強がってきたので、こう言えるのに30年以上かかったわけだ。それでも、本当のことを言えるようになって、ようやく少しだけ強くなったのかなと思う」

三浦崇宏　Ｔｗｉｔｔｅｒより

孤独はめちゃくちゃ感じる。この前、ＧＯ（三浦が経営している会社）の社員を昼飯に誘ったけど、４人に断られたよ（笑）。

というのは、さておき。

37歳の誕生日に20人くらい友人が集まってくれた。「三浦はすごい。三浦はいいよな」って、ほんと嫌味な言い方じゃなくて口々に言ってくれたけど、やっぱりそんなことない。

経営者は孤独だってよく言うけど、つくづくそう思う。ＧＯという会社で言うなら、社員が「広告の仕事」というゲームをやっているのに対して、社長であるおれは「広告の仕事をする会社の経営」という、同じ目的の別のゲームをやっているからだ。

会社のみんなが同じ目標に向かっているのは間違いない。だけど、ゲームが違うから気持ちはシェアされないし、シェアされないから理解もされない。

だから経営者は、社員をすごく愛していて、すごく大事に思っているにもかかわらず、どうしても溝を感じざるをえない。

自分のことを本音で話す。
その難しさを知っているからこそ、三浦は言葉の力を借り、ありのままの自分を受容することで、少しずつ「本当の強さ」を身に付けてきたのかもしれない。

孤独を感じているのは、もちろん経営者だけじゃない。今という時代は、個人が孤独を感じやすい時代なのだと思う。なぜなら昔みたいに、みんなに共通している「大きな物語」がないからだ。みんなで頑張っていい国にしよう、みんなで頑張ってお金持ちになろう、そういう大きな物語はなくなった。

仮に同じ年齢、同じ性別、同じ会社に勤める仲間だとしても、各々の家庭環境はまったく違う。ＧＯの中ですら、今このオフィスで、おれのいる席から見える田中さんも砥川さんも李さんも、全員違う仕事をしていて、全員違う環境に身を置いている。独身の人もいれば、結婚して子どもがいる人もいる。

置かれている環境が違えば、仲のいい友達同士が何十人集まろうとも、ひとりひとりが「本当にしんどいと思っていること」はお互い心の底からは理解されない。

「分かってもらえないだろう」という、諦観。それは37歳の誕生日に、おれ自身が感じたことだ。近寄れば近寄るほど、断絶が見える。遠くにいるうちは仲良しだなと思うけど、近くに行くと、明らかに谷が広がっている。

誰かと同じ空間にいることは、孤独を解消する手段ではまったくない。共感や理解がほぼほぼ原理的に不可能な時代が、今なのだ。もしかしたら、ずっとそうだったのかもしれないけど。

孤独を乗り越える方法は2つしかないと思っている。

ひとつは、「私たち、お互い孤独ですね」と握手すること。経営者が、業種も分野も違う他の経営者と仲良くなるのは、そういうわけだ。相手の事業のことは分からなくても、周りの人に分かってもらえていないことだけは、分かり合える。

もうひとつは、大きな物語を共有しようとするのではなく、小さな物語を共有すること。経営者であるおれが見ている景色と社員が見ている景色は、どうしたって違う。だけど、「今期100億達成しよう」とか「この案件をライバル会社から獲ろう」といった小さな目標に向けての挑戦なら、その瞬間の強烈な高揚感は共有できる。人生には「本番」が必要なのだ。

それに、小さな物語の中にあるクライマックスの修羅場は――非常に短期的な視野ではあるけど――みんなに同じ景色を見せてくれる。それは孤独を癒すことができるんじゃないか。
せめてもの孤独を癒すため、こうした小さな物語は大事にしたいんだ。

「何者かになりたい」という欲望の正体

「何者」かになるものは、つねにそんな苦悩を乗り越え、成長してきた。
苦悩を乗り越えるために必要なこと。
それは「人との対話」だ。

対話という形式は、ニュースサイト『ビジネス インサイダー ジャパン』の編集者さんがおれに連載企画を持ちかけてくれたとき、こちらから提案させてもらった。人選も三浦自身によるものだ。

なぜ対談形式なのか。それは、個別の問題の中にこそ、真実があると思うから。

もう亡くなってしまったけど、博報堂に小沢正光《まさみつ》さんという伝説的なクリエイティブディレクターがいた。彼はつねづね、博報堂内でマーケティング理論を考える研究開発の部署を「なくしたほうがいい」と言っていた。おれは、その理由を聞いてみたことがある。彼の答えはこうだった。

「広告クリエイターのポテンシャルが発揮できる瞬間は、具体的な課題があって、具体的なお客様がいて、具体的になんとかしなきゃいけない状況があるとき。そのために必死で考えたことが、結果として普遍的なルールになって、抽象化されて、理論や武器になる。なのに、敵もいない、課題もないところで、イノベーションなんか起きるわけがないよ」

これは、とてもよく分かる。

自分がインタビューなどで「これから世の中はどうなりますか」と聞かれたとき、漠然としたことは語れる。でもやっぱり、目の前で個別具体的に悩んでいる人を前にしたほうが、より真剣に考えられる。それが結果的に同じように悩んでいる他の人にとっても、納得性の高い、普遍的な話になる。そんな実感があったので、対談形式を望んだのだ。

古代から人は対話を通して、自らの考えを深め、より高い次元へと
真理を導いてきた。
三浦もまた然《しか》り。
自分を高め、相手を高めるため、言葉を駆使し、対話を続ける。

本書のメインテーマでもある「何者かになること」について、少しだけ。

「何者」かになりたい人が増えている。それはやはり、SNSが作った現象だ。昔は、ある人の能力や財産といった「数値的なスペック」は可視化されなかった。

たとえば、ソフトバンクの孫正義《そんまさよし》さんやユニクロの柳井正《やないただし》さんといった方々はすごい人たちだけど、彼らと食事の機会があったとしても、そのすごさが数字として目に飛び込んできたりはしなかったはずだ。ドラゴンボールの戦闘力みたいな、共通のモノサシとしての数値は誰も持っていなかった。

ところが今は、「誰々さんはツイッターのフォロワー数1万人だ」「誰々さんはインスタのフォロワーが10万人でインフルエンサーとして仕事をしている」などと、影響力が数値化されるようになった。人と人が数値によって否応なしに比較されてしまう時代になったのだ。

他方、人間の根源的な欲望でもある「モテ」みたいなものを競うことが、すごくリスキーな時代でもある。複数の人と恋愛したり、金持ちになって有名人と交際したりすれば、不特定多数から嫉妬を買う。SNSで拡散され、メディアに晒《さら》し者にされ、時として表舞台には立てなくなることもある。

人間の欲求、金銭欲・名誉欲を追いかけることに対して、何かすごく歯止めがかかりすぎている時代だ。昭和的な価値観で言われるような「大物」は、すぐに叩かれる。

SNSによるちょっとした影響力の比べ合いと、メディアとSNSによる炎上文化。その結果、全員が「大物にはなりたくないが、何者かにはなりたい」と願うようになった。

時代の気分としての、中途半端な欲望。それが「何者かになりたい」の正体だ。

目次

Chapter 2

Chapter 3

Chapter
4

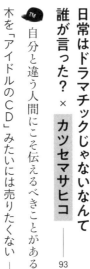

Epilogue

Chapter
1

若いうちから「何者」かになりたいと思ってるなら

×くつざわ

三浦　若いうちに成功したい、もっと早く「幅」を手に入れたいの？

くつざわ　私、何者かになりたくて仕方ないんですよ。

くつざわ

1999年生まれ、千葉県出身。女子大生のあるある動画がツイッターでバズったことにより、3日間でフォロワーが5万人増え話題に。現在はライターとして活動。最近、何をしてもフォロワーが減るのが悩み。

ブレイクのきっかけになった動画ほどは文章が読まれない……

くつざわ　キャリアに関して、もう、バチバチに悩みしかない。悩みしかないんです……。

三浦　今いくつだっけ？

くつざわ　20歳（取材時）です。

三浦　20歳って悩まなくない？　悩むんだっけ？　**おれ、20歳のときはバカだったから悩まなくて済んだもん。**たしかにくつざわさん、**なんかツイッターとか見てると悩んでそうだよね。**

くつざわ　え、分かるんですか……。どうぞ。

三浦　おれが親しくさせてもらっている総合格闘家の青木真也《しんや》さんと、もっとも尊敬するラッパーのライムスター宇多丸《うたまる》さんが、まったく同じこと言ってたんだけどさ。**「実力がつけばつくほど自信がなくなっていく」って。**

くつざわ　へえ～！

三浦　青木さんは今36歳（取材時）。20歳でデビューしたときから比べると、体力はちょっと衰えたけど、技術は圧倒的に伸びている。だから、「若い頃の自分に比べて強くなってるんじゃないすか？」って聞いたら、**「強くなってると思うけど、試合したら勝つのは若い頃のおれだと思うね」**って。

くつざわ　どういうことですか？

三浦　「若い頃のおれは、自分が負けるなんて想像もしてなかったから、普通じゃ考えられないアグレッシブなトライができて、そういう攻撃が相手にハマってた。だから当時のおれは、１００回やって１回しか勝てない相手だとしても、その１回を最初に持ってくることができたんだ」って。

くつざわ　今の青木さんは？

三浦　「今のおれは技術も向上してるし、いろんな経験を積んでいるけど、昔のような奇跡は起こせない気がする。だから今の自分と若い頃の自分が戦ったら、強いのは今の自分だけど、勝つのは若い頃の自分かもしれないね」って。まぁ、今の青木真也の魅力はこれを言えちゃうところにもあると思っていて、これ、すごく含蓄ある言葉だよな。

つまり、くつざわさんに少しずつ実力がついてきたからこそ、悩んでるのかなっ

て。

くつざわ　それこそ、自信も何もなくなってきていて……。元から自信があるわけじゃなかったですけど、最近、方向性を変えたいなって。

三浦　うん、そうかもね。

くつざわ　私って、動画で伸びた人間じゃないですか。だから、フォロワーは動画を求めるじゃないですか。

三浦　だね。

くつざわ　実際、動画の時代って言われてるし、そのとおりだとも思うんですけど、文章を読むことで感銘を受けたり、そこから自分の思考力を拡げたり、語彙を増やしたりできるじゃないですか。やっぱこう……文章って、自分を守ることもできるし、大切な人を守ることもできる。動画にはない、いい部分がいっぱいありますし……。

三浦　シンプルに言うと、「くつざわさんは動画でブレイクしちゃったけど、本当はもっとテキストで深いことをちゃんと伝えたい」、と。

くつざわ　そういうことです。最近は文章の勉強もしていて、ライティングのほうの仕事を増やしたいと思っているんです。だけど、いくら文章を書いても、動画が求められるほどに文章は求められない。読んでくれる人からは感想などいただけるのでありがたいんですけど、**やっぱり8割は「動画のくつざわ」を見たいので、文章を読むこと自体、必要とされないんですよね。うまくいかないなって。**

ひとつのことを突き詰めれば、他のことも頼まれる

三浦　あのね、昔の「プロ」と呼ばれる人って、ひとつのことを突き詰めて一流になるじゃない。大工の道を何十年も続けて宮大工の棟梁になって、明治神宮を造るようになりました、とか。

くつざわ　うんうん。

三浦　だけど今は、何かひとつのことを突き詰めると、結果として他のこともやってくれって頼まれるようになるよね。

くつざわ　たしかに！

三浦　落合陽一《おちあいよういち》はメディアアーティストで学者だけど、そのメディアアートの部分

をめっちゃ頑張った結果、SDGs（持続可能な開発目標）の解説本（『2030年の世界地図帳 あたらしい経済とSDGs、未来への展望』）を頼まれたりする。今は、あるひとつの道を突き詰めると、黙っていても「あなたのその感性、その世界観を使って、別の何かをやってくれませんか」って頼まれる時代なんだよ。たとえば、極めた宮大工が造ったおしゃれなカフェとかって、ちょっと興味あるじゃん。

くつざわ　そうですね。

三浦　おれが広告10年やってきて、一応広告つくるとそれなりに結果を出せる、ってみんな分かってるからこそ、広告屋の仕事じゃないけどアート展のプロデュースをやってほしいとか、本を書いてほしいって頼まれる。青木さんなんて、格闘家なのに恋愛コラム書いてるんだよ。それが本当に気持ち悪くて……という話は置いといて（笑）。

くつざわ　あはは（笑）。

三浦　くつざわさんは動画を極めれば極めるほど、「あのくつざわが、文章を書いたらどうなるの？」ってなるはず。さくらももこも、『ちびまる子ちゃん』ですごいヒットを打ったからこそ、彼女が書いたエッセイもぜひ読んでみたい！ってなったでしょ。くつざわさんも、周囲の期待が高まったのちに、文章へシフトチェンジするのがいいんじゃない？　おれがよく言ってる**「高さを身に付けてから、広さを身に付けていく」**ってやつ。

くつざわ　でも、うーん……。

いきなり最初からいい仕事なんてこないよ。
まずは目の前の仕事を好きになること。小さいところからでもいい。
そうして結果を出していくうちに、仕事を選べるようになる。
そこで、自分らしいスイングでホームランを打てば、
最終的には、仕事から選ばれるようになるんだ。
焦らず、急げ。謙虚に、欲張れ。

三浦崇宏　Ｔｗｉｔｔｅｒより

「何者」かになりたい

三浦　**若いうちに成功したい、**もっと早く「幅」を手に入れたいの？

くつざわ　私、**何者かになりたくて仕方ないんですよ。**

三浦　分かるよ。

くつざわ　私、モノマネ動画のイメージ一辺倒になりたくないから、ある時期に一回、動画を全部消したんですよ。半年前（2019年夏頃）まで「モノマネの、チープな感じの動画の人」としてのブランドをつくってきた作品を手放したんです。で、3カ月間くらいあえてツイッターもやらないで別のお仕事をしてたんですけど、**結果、「何者」でもなくなってしまったような。**意図的にやったことではあるんですが……。

三浦　動画と文章、本当はどっちが好きなの？

くつざわ　文章ですね。動画を褒められるより、文章を褒められるほうが嬉しいんです。

三浦　じゃあ、そもそも最初、なんで動画を作ったの？

くつざわ　メディアを立ち上げたかったんです。そのためにフォロワーを集めようと思って、そのとき好きだったのがツイッターだったので、ツイッターで動画発信すればフォロワーが集まるかなって。**でも最初の出方でミスっちゃった部分がありました。**

三浦　「メディアを立ち上げる」が目的で、「動画でファンを集める」が手段だったはずなのに、手段ばかりが注目されてしまったと。

くつざわ　はい。だからその動画を捨てて、「何者」でもなくなった状態で文章を書いてみても、やはりあんまり反響がない。**「あれ？　じゃあ結局、私は今何をやればいい人なんだろう」**ってなっちゃってるんです。

周囲によってサクセスストーリーと括られたものを、
いかに壊さずに私の本当を出せるかを考えるの、しんどいっす。
でも私は、モノマネをしたいわけではないので。
最終着地点は見えていませんが、とりあえずなんか違うことはわかるのよ。

くつざわ　ｎｏｔｅより

三浦　まず、**「何者かになりたい」ってはっきり言えるのって、超いいよね。**みんな思ってるのに言わないじゃん。カッコ悪いし照れくさいから。**お前ら飢えてるんだったら飢えてるって言えよ！って。**

くつざわ　（笑）。

三浦　くつざわさんは収入よりも自分の文章で人に影響を与えることに「何者」かの基準を置いてるってことでいい？

くつざわ　はい。文章に自分の感情を乗っけることが好きなんです。ちょっとカッコいいフレーズを思いついたらメチャメチャ嬉しいし、それを抜粋してシェアされるならもっと嬉しいし。

三浦　だとするなら、くつざわさんがやろうとしてた「メディアを立ち上げる」もまた目的じゃなくて、それすら手段だったんだよ。**本当の目的は「文章で影響力を持てる人間になりたかった」じゃないの？**

くつざわ　あー、あーーーー！

才能とは、人より何かが足りないこと

三浦　くつざわさんは、自分の文章で人を動かして、それが結果的に経済現象になるような人になりたいんだよね。だったらメディアなんか立ち上げなくてもいいでしょ。自分が書いたコラムが何十万PV取って、1回のタイアップで1千万円くらいもらえる、みたいな存在になりたいんでしょ？

くつざわ　そうだと思います。自分のメディアだったら自分の好きなことが書けるから……という理由だけで、「メディアを立ち上げたい」って言ってました。

三浦　もっとシンプルになったほうがいいよ。くつざわさん、頭いいから手数が多いんだよ。あのね、**才能って人より何か能力が高いことだと思ってる人が多いけど、違うよ。才能って、人より何かが足りないことなんだよね。**足りないから、早いうちにスタートを決められるわけ。おれなんか就活で12社受けて、博報堂しか受かってない。

くつざわ　それ、すごくないですか。

三浦　いや、広告しかできない男なの。だから10年間ずっと広告やってきて、広告

が少しだけ身に付いてきたから、ようやく今、広告以外のこともできるようになってきた。**最初から木刀で素振りばっかやってれば、そこそこのものになったのに、木刀とグローブとピストルと弓矢を渡されちゃったから、それぞれちょこっと遊んでるうちに、気がついたら何も使えないまま歳を取っちゃった、みたいな人、たくさん見るよ。くつざわさんはそうなるべきじゃない。**

くつざわ　あー、そうなんですよね。で、何をすればいいの？ってなってる……。

若くて一丁前の面をしているやつらは、広さしかない。
スキルが身についたと勘違いして、
横展開しているけど、高さも深さもない。
言うなれば、幅がでかいだけのテントで、高さがないから窮屈だし、
さらに問題なのは、深く根ざしていないから
風が吹いたらすぐに倒れる。

三浦崇宏　『advanced by massmedia』のインタビューより

三浦　すげえシンプルに言うと、動画を捨てたほうがいいわ。

くつざわ　えっ。

三浦　**動画でなまじヒットしちゃって「動画のくつざわさん」になったけど、「なりたいくつざわさん」にはなれてないじゃん。**なのに、「動画のくつざわさん」をうまく利用しようと思ってるからいけないわけよ。豚肉を使って豚しゃぶつくろうと思ったのに、間違ってトンカツができちゃったから、その衣をはいで薄切りにして豚しゃぶにしようとしても、うまくいくわけがないの。一回捨てよう。

くつざわ　ははは（笑）。そうか、動画のファンを文章に無理やり持ってこようとしてるから、つらいんですね、今。

三浦　ゼロベースから「文章を書く人間」として修業し直せばいいと思うよ。動画だったら1000リツイートされます、文章だったら2リツイートしかされませんでした。いいじゃん、それで。動画の1000リツイートを担ってた連中がある日突然、「え、くつざわって文章も超おもしろいじゃん」って気づいて、2リツイートが500リツイートになるかもしれない。ただ、ここの誘導をマーケティング的にうまくやろうとしないほうがいい。

くつざわ　私、そこをマーケティング的にうまくやる手段がきっとあるはずだと思って、ずっとやってきたんですよ。今はまだ、私にその技術も知識もないから見つかってないだけで。

三浦　たしかに手段はあるよ。下品な大人がそれで騙されるような手段が。

くつざわ　下品な大人！

三浦　「あの動画がバズった私・くつざわは、そこそこのファンがついてございますので、御社のPR記事を書いて1本50万でいかがでしょうか」って持ちかけたら、バカな会社は金払うよ。でもそれは、**くつざわさんの文章に金を払ってるわけじゃなくて、「くつざわという虚構のタレント」と「くつざわの動画の思い出」にお金を払っているにすぎない。**

あなたのなりたいあなたじゃないでしょ、それ。

くつざわ　**ただ、正直怖いんです。一時期バズって数字を出してた奴が、いきなりジョブチェンジして文章書きはじめました、でも全然反応がありません、って状況が。**人の目、気にしいなんですよ、私。

ほぼ義務であるようなモノマネをやっても「つまらなくなった」
モノマネ以外に手を出しても「お前はそうじゃない」
何もしなかったら「そろそろ消えそう」
弱音を吐いたら「恵まれてるくせに」
どの方面に転んでも槍はあります。
発言力とはリスクと同意義なのです。なんかやだね！

くつざわ　ｎｏｔｅより

三浦　よく分かるよ。おれだってぶっちゃけ、息を吸って吐くようにエゴサするし（笑）。でも、そんな気持ち悪い自意識のある奴しか、ツイッターのフォロワー数1万超えたりはしないから。たしかに動画で培ったものを、この先しばらく使わなかったところで、フォロワーは減るかもしれない。だけどさ、くつざわの能力やセンスは減らない。いつでも取り戻せると思っといたらいいよ。

くつざわ　そうですか……。

三浦　10万人のフォロワーが毎日2000人減っていくとかしたら、たしかに焦る。でも**ツイッターのフォロワー数は、おまえの生命線じゃないから。**そいつら、別におまえに何もしてくんないから。そいつらが毎日1万円振り込んでくれるっていうのなら話は別だけど、それはないじゃん。たぶん一生会わないし。

ツイッターのフォロワー数を誇るやつはクソです。

三浦崇宏 Twitterより

くつざわ そのとおりですね。

足し算じゃなくて掛け算をしろ

三浦 「動画でおもしろかった私が、文章でこんなおもしろいこと書くよ」って発想は、「足し算」でしかない。そうじゃなくて、毎日毎日ブログを書いて、noteを書いて、何かのレポート記事を書いて、それが誰かの目に留まったときに、「あの、この超おもしろい文章書いてるくつざわって、あのくつざわか!」ってなった瞬間、「掛け算」になる。くつざわの存在の幅がドンと拡がる。たしかに、早く何者かになりたいって思ってると超焦るけどさ。

くつざわ　うん、めちゃめちゃ焦ってます。

三浦　しんどいっしょ？

くつざわ　はい。早々に書き上げて、早々に遊びに行きたい。

三浦　**好きなことと得意なことが違うって、意外とあるからね。**残酷なことを言うと、やってもやっても文章がうまくならなかったら、逆に文章のほうを趣味にすればいいと思うよ。「趣味でやってるわりには、なかなかイケてる」ってことにしたほうが、気が楽になるかもしれない。でも、くつざわはまだ20歳だから、何かを諦める理由がひとつもない。いったん文章を死ぬほど書き続けるのをやったほうがいいと思う。やっぱ、量だから。

くつざわ　文章の依頼が来ると嬉しいから引き受けちゃうんですけど、**本当はnoteで自分の好きなことを書きたいのに、仕事として書かなきゃいけないほうを優先しちゃって、それが今すごくしんどいんです。たぶん、配分をミスってる。**

三浦　今のあなたの話って、世の中の有象無象のネットライター志望のワナビー

（何かになりたくて憧れている人）たちからしてみたら、ヨダレが出るような話だよ。

くつざわ　本当、ありがたい状況なんですよ。

三浦　だから、しんどくてもやったらいいよ、来た仕事全部。**やってやってやりまくって、それでも嫌いになれないものが本当に好きなものだから。**しんどいし、吐きそうになる。もともと表現なんてそんなもんだから。**なんでこんなことやらなきゃいけないんだろうって気持ちと、こんなに私に向いてる仕事はないって気持ちを、行ったり来たりしながらやってくもんだから。**

それで1年やってみて、死ぬほどやって、やっぱ楽しくなってきたなってなるか、ちょっと無理と思うか。それが、本当に文章を好きなのかどうかの境目になると思うから。

飛行機の中で映画『羊と鋼の森』を見た。
AIが普及する時代、親が子どもにできることは
好きで好きで仕方のないものを一緒に探してあげることしかない。
父はダンサーで、母はオペラ歌手だった。
貧乏だったけど、いや、貧乏だったから、
2人は生きてるだけで、好きなことがある強さを教えてくれた気がする。

三浦崇宏　Twitterより

好きなものを書くより、頼まれたものを書け

三浦　「文章で身を立てたいけど、仕事として書かなきゃいけない文章がしんどい」というくつざわさんに、ひとつ言わせて。

くつざわ　はい。

三浦　**好きなものを書くより、頼まれたものを書くほうが、人は力を発揮するよ。**もっと言うと、どんな仕事でも頼まれてやらなきゃダメ。自分が「好きで」

やってるものは、なかなか仕事になんないよ。

くつざわ　そうなんですか。

三浦　おもしろい話があってね、他の業界から映画監督になった人っているでしょ。写真家から監督、とか、お笑い芸人から監督とか。でもこの中で、作品が世界中から高く評価されたのは、北野武《きたのたけし》くらいじゃないかな。他の人は駄作って言われて超ディスられてるでしょ。誰とは言わないけど。

くつざわ　へえーーー！

三浦　実は、北野武以外のアーティストは、全員「好きで」映画に進出してるの。もともとの分野で有名になって実績もできて、「そろそろ映画やってみたいんすよ」と言って映画を始めてるわけ。映画というものに憧れのある世代だから。

くつざわ　たけしさんは違うんですか。

三浦　たけしだけは、当時ヤクザ映画の天才って言われてた深作欣二《ふかさくきんじ》監督が監督を降りちゃったので、そのいわば代役として「北野武」名義で監督を引き受けた。それが監督第一作の『その男、凶暴につき』。

くつざわ　ほーーー。

三浦　つまり、たけし以外は「こんな有名になったんだから、そろそろ映画いいんじゃない?」って気持ちで、仕事じゃなくて半分ご褒美とか趣味の気持ちで撮ったから、ちょっとバランスを欠いちゃったわけ。一方のたけしは、「いやあ、代役か。エラいことになっちゃったな」みたいな感じで撮ったから、めちゃめちゃ抑制が利いた、映画としての完成度が高い、多くの人の心を動かす作品になってる。

くつざわ　それ、よく分かります。

三浦　これをくつざわさんに置き換えてみるとね、動画つくるときって、めちゃめちゃトライアンドエラーとかお客さんの反応とか考えるじゃん。でも文章って、もうちょっと、私の好きにやっちゃっていいんじゃないか?って気持ちが入るでしょ。それだとバランスを欠いちゃうんだよ。だから、今あなたに文章の仕事が来てるんだったら、その仕事にひとつひとつ、ひたすら誠実に応える、でいいと思う。そのほうがきっと力を発揮できるから。

「何者かになりたい」って気持ちはすごく大事なんだけど、**実力よりも先に影響力を身に付けてしまうと、その影響力に呑み込まれて人は死ぬ。**

くつざわ　それ、マジでキツいです……。

三浦　名前は挙げないけど、ツイッターのインフルエンサーとしては一流だけど、自分が肩書きとして掲げている仕事人としては2・5流って人、いるでしょ。

くつざわ　……。

三浦　本当にプロになりたいんだったら、その仕事のプロの下について精進すればいいんだけど、当然ゼロベースだから、キツいことを言われる。逃げ場がない人間は頑張れるんだけど、実力よりも先に影響力を身に付けた2・5流の人は、それに耐えられる強靱なメンタルがない。一度SNSでインフルエンサーなんて言われてチヤホヤされちゃってたりすると、とても頑張れない。

くつざわ　やっぱ、実力ありきなんですよね。私も全然、本当にたまたまバズった部分があるので、他人事じゃない。

三浦　結果、ツイッターのフォロワー数は多いけど、実力が伴ってないから本業の仕事では全然売れない人になっちゃうわけ。これ全然ハッピーじゃないでしょ。

くつざわ　私、「実力ありきの人間」って前提で接されることが多いんですけど、その人の抱いた「くつざわ像」に合わせた自分になんとかなりきろうとしちゃって。

三浦　それでいいんだよ。ただ、**他人に嘘つくのはいいんだけど、自分にだけは嘘**

ついちゃいけないよ。人に虚勢や見栄を張るのはいい。仕事だし、相手はお客さんだし、「私、この人が思ってるほど実力ないのにな」って思うからこそ必死になれる。だけど、自分で自分を騙したら終わり。本当は実力がないのに実力があると自分自身で勘違いして、相手にも「私は巨匠ですから、こんなもんでどうでしょう」なんて傲慢な態度を取ってたら、ただただ次の発注がなくなるだけ。

くつざわ　うわあ……。

三浦　世の中、チャンスと期待と実力がぐるぐる回ってる。チャンスをもらって期待されて、実力がついて、実力があるからまたチャンスが来る、みたいな。くつざわさんの場合は、期待があるからチャンスが来た。じゃあチャンスが来たから次、実力がつくかどうか？　ここが勝負だよね。実力がついてるかどうかの判断基準は、発注元から次の発注、つまり「おかわり」が来るかどうか。

頑張って書いて、書いて、書いて、書きまくって、本当に才能があったらいつかヒットするから。

くつざわ　とりあえず1年、文章を頑張ります！

Miura's Voice

「何者」かになれば幸せなのか？

「何者かになりたい」と言っていたくつざわさんは、対談後、
愚直におれが言ったとおりに動きはじめた。
若くして動画がバズって有名になったくつざわさん。
アンチもファンも含めて彼女を羨《うらや》む。
暴言承知で言うなら、
「おまえ、くつざわさんを超えたいんだったら、
その先にいる指原莉乃を狙えよ。
さらにその先にいる小池百合子を狙えよ」だ。
誰も小池百合子には嫉妬しないが、くつざわさんには嫉妬する。
それが、「大物にはなりたくないが、何者かにはなりたい」

という時代の気分。
まだGOを立ち上げる前、自分が
「何者かになりたくて必死だった頃」のことを思い出してみる。
15年前、22歳の自分。
当時の自分に今の状況を話したら、すごく喜ぶだろう。
「独立していて、たぶん同期の誰よりもお金を稼いでるよ。
有名になっていて、獲りたいと思っていた広告の賞も
ほとんど獲った。いろんなクライアントから声がかかってる」
22歳のおれは、「やった、未来のおれは明るい！」と狂喜するはずだ。
でも37歳の意地悪なおれは、電話を切るときこう言うだろう。
「でもね、あんま幸せじゃないんだよ」

今すごくハッピーか？　ものすごく満たされているか？　といえば、
正直そうでもないのだ。「なんとかしないと」と焦り、
ヒリヒリする感じは、22歳の頃とあまり変わっていない。
「当時のほうが幸せだった」などと綺麗事を言うつもりはない。
今のほうがいいものを食べているし、買えないものもあまりなくなった。
でも不安もあるし、孤独も感じるし、何よりももっと実力をつけたい。
もっといい仕事をしたい。そんな思いでいつも吐きそうになる。
実は今でも変わらない。
つまり「何者かになりたい」と願うのは、
ずっとしんどい人生を選ぶということなのだ。
人生をマラソンにたとえる人がいるけど、嘘だ。

なぜなら、人生には誰かが決めてくれたゴールがない。
何者かになれるのは、とても幸福なように見えるけど、
そのことと幸福はまったく無縁。これは覚えておいたほうがいい。
「何者かになる」ために全力で走ったり、
仕事をしたりするのを否定はしない。
その瞬間瞬間はとても楽しいし、頑張れば頑張っただけ、
一定の楽しさは得られるからだ。
だけど、何かを得ることと、幸福になることとは違う。
なぜなら、
「何者かになる」のは他人の相対的な評価を気にして生きることで、
「幸福になる」のは自分の絶対的な評価軸をつくることだからだ。
この二者は相性が悪い。多くの「何者かになりたい」人は、

「このあたりで一旦はハッピーだな」と感じることが苦手だからだ。

それを覚悟したうえで、さて、
どうやって「何者」かになればいいのかって話。
はっきりと「何者」かの定義ができている人はいい。
それに向かって努力するだけだ。
でも、その定義ができていない人、つまり何をすればいいのか
分からない人は、いったいどうすればいいのか？
一度就職するのもいいと思う。
自分に何が向いてるかなんて、分からないからだ。
就職して、たまたま何かの入り口に立てたなら、
それを頑張れば「何者」かにはきっとなれる。

日本一のバリスタでも、日本一のネジ職人でも。
「何者」かになれているかどうかは、知名度と影響力で測られがちだけど、
それって実は副次的なもの。
大事なのは、誰かから具体的に求められる技術や職能のほう。
「何者かになる」とは結局、周りの人から求められるということだ。
くつざわさんとの対談でも話したが、知名度と影響力が
先に付いてしまっていろんな人からお声がかかっても、
自分に技術や職能がなければ応えようがない。
結果、自分の人生を切り売りする羽目になる。
取り返しのつかないケガをすることもあるだろう。
何者かになりたいと願うあまり、知名度と影響力だけを
手に入れようとすると、事故る。実にシンプルだ。

Chapter
2

「何者」かになるために必要なのは「才能」なのか

× 山内奏人

山内　それで言うと、僕はわりと、事業を起こすときにビジネスモデルをいっさいつくらないんですよ。

三浦　もうおもしろいじゃん！

山内　「原理」が正義だと思ってるんです。

三浦　人間の原理ね。

山内奏人《やまうちそうと》
ＷＥＤ株式会社代表取締役。２００１年東京都生まれ。10歳から独学でプログラミングをはじめ、２０１２年に「中高生国際Ｒｕｂｙプログラミングコンテスト」の15歳以下の部で最優秀賞を受賞。15歳でウォルト株式会社（現ＷＥＤ株式会社）を創業する。２０１８年６月12日にリリースしたレシート買取サービス「ＯＮＥ（ワン）」が、リリース後16時間でダウンロード数７万、買取レシート総数24万枚を突破。同年、Forbes 30 Under 30 Asia 2018に２部門選出される。２０２０年、シリーズＢの資金調達を完了。

Miura's Voice

TM

概念の向こう側を見つめる者たち

奏人くんがすごいのは、みんなが諦めていることに対して「おかしい」と言えることだ。

彼は、「個人情報の管理は、分かりにくいもの」「CM料金は高いもの」といった、みんなが諦めちゃっている世の中の理《ことわり》に、

「え、それって誰かが決めたルールでしょ？

だったら別のルールを上書きしちゃってもいいじゃん」

と考えられる人。そういうピュアな感覚、ピュアな欲望、それを行動に移せる才能が、素晴らしいと思う。

おかしいことを「おかしい」と言うのは、意外と難しい。

満員電車に乗って「9時台は混んでるから、10時台に乗ろう」とは思えても、「そもそも満員電車っておかしいよ。なくせるはずだろ、これ」と思って行動に移せる人は、あまりいない。

空手の試割《しわ》りのコツを知っているだろうか。

あれは、目の前にある板を割ろうと思うと意外に割れない。板の向こう側、板を持って構えている人の胸を殴るつもりで突くと、割れる。

目に見えているものの向こう側を、最初から当然のように狙っていく。

同じように、一見して実現が難しそうな〝板の向こう側〟にまで目を向けて、「これだってできて当たり前だろ」と思っている奴にしか、目の前にある現実は変えられない（＝板は割れない）。

何かを変えてやりたいというよりは、
何かが変わってないことが不思議だという考え方。

奏人くんは、それをナチュラルに持っている。
若いうちは不合理を不思議だと感じて
「こんなことができたらいいな」という視点を持てる。
しかし、それを行動に移せるだけの組織力がない。
逆に大人になると、行動に移せる組織力はあっても、
「こんなこと、本当にできるんだろうか？」という怯えや
固定観念が邪魔をして、行動として打ち抜けない。
視点を持つことは発想、行動することは実装。
奏人くんは発想もできるし、実装に向けて動くこともできる。
稀有な人なのだ。

才能の正体とは何か

三浦　今日は、「才能」とはなんだろうって話をしたいんだよね。まず、おれの考えを言うよ。**才能って、欲望の「距離」と「解像度」のことだと思う。**

山内　「距離」と「解像度」ですか。

三浦　たとえば、元ZOZOの前澤友作《ゆうさく》さん。彼、月に行きたいって言ってたけど、月に行きたいなんて普通は思わないじゃん。つまり「月に行きたい」って欲望できていること自体がすごい。イチローさんだったら日米通算4000本安打を達成しようとか、ウサイン・ボルトだったら100m9秒台で走ろうとか。

山内　たしかに。

三浦　マーク・ザッカーバーグもそう。世界中のすべての人がつながるプラットフォームをつくろうだなんて、普通の人の常識では考えつかないでしょ。それくらい大きな理想を欲望できるということが、まず、すごい。これが欲望の「距離」ってやつ。

山内　なるほどなるほど。解像度というのは？

三浦　欲望の距離だけだと妄想で終わってしまうので、実現までの道のりを丁寧に考えられること。それが解像度。この2つを持ち合わせている人が、天才。そういう意味で奏人くんは天才だと思ってるよ。「天才に見せかけるのがうまい」だけなのかもしれないけど（笑）。

山内　（笑）。三浦さんの定義はそのとおりだなと思いつつ、**僕、「才能」って、現実をねじ曲げる力だと思います。**「常識的に考えたら、現実的に考えたら、そんなことできないでしょ？　そんなこと諦めるでしょ？」なんてことをまったく考えずに乗り切ってしまう。それが才能であると。

三浦　おれも、企画を考えるときは「前提をぶっ壊すのが前提」と考えるようにしてるよ。なぜなら我々は天才じゃないから。前提を与えられると、その前提の中で、常識の範囲内で物事を考えてしまうから。

ところが、**一部の天才は、常識の向こう側にあるものが、初めから見えてる。あたかもそれが普通のことのように、息を吸うように、現実の向こう側にあるものに手を伸ばせる。**それが天才の条件じゃないかな。奏人くんは、**普通の人には見えてる壁が見えてないかのように、向こう側に手を伸ばせる。**そこがカッコいいなと思って見てます。

山内　意識してそうしてる部分もありますけど、僕は社会人として働いたことがないからこそ、できてるのかなとも思います。**いい意味でも悪い意味でも常識がないので、それをアドバンテージとして使おうと。**

僕には非日常な体験を一人で届けられる才能はないけれど、
だからこそ、そこに挑戦するのが面白いなと思ってるんです。
非日常な体験を社会にどう実装するかと考えると、
それこそ映画やアートという分野の方が向いていますよね。
ファンタジーもフィクションも創造できる。
でも、アプリやサービスを通して、
そんな非日常な体験を実社会に実現できたら
もっと面白いんじゃないかと。

山内奏人　『NEUT Magazine』のインタビューより

三浦　おれの会社に若いクリエイターが入ってきたときに、どこまで「型（かた）」を教えるかは悩んだよね。おれも一応10年博報堂でやっていたので、なんとなく発想法みたいなものはある。だけど、たとえばうち（の会社）に新卒で入社してきたクリエイターなんかは、やっぱりおれにはない発想を持ってるんだよね。もちろん技術は教えるよ。だけど教えすぎることで、その技術が彼にとっての新しい「常識」になって、古い固定観念に囚われてしまったら、師匠であるおれとしてはギルティ（有罪）だなと思っている。**使いこなせる道具としての技術と、彼の世界観や才能を爆発させるための技術、その違いの見極めは超大事。**だから、天才って簡単に殺されちゃうんだよね。

才能とは幸福な場違いのこと。
本来は経営コンサルタント向きの人がデザイナーをやれば
佐藤可士和さんになる。
ふつうのアメフト選手がキックボクシングやると
初期のボブ・サップになる。

その業界や競技に向いているかは重要じゃない。
自分の武器をそのルールで活かす構え方を見て、
それを人は才能と呼ぶ。

三浦崇宏 Twitterより

「原理」こそ正義

山内 あと、天才は炎上もしがちですしね。

三浦 「そんなことやったら危ないよ」と外野から言われる。

山内 それで言うと、僕はわりと、事業を起こすときにビジネスモデルをいっさいつくらないんですよ。

三浦 もうおもしろいじゃん！

山内 **「原理」が正義だと思ってるんです。**

三浦 人間の原理ね。

山内 最近アメリカでは、イーロン・マスクが提唱している「ファースト・プリンシプル・シンキング」って考え方が流行ってるんです。2つの意見や2つの意思決定が対立したときに、じゃあ原理に立ち返って考えてみようという。僕も昔からそういうのが好きで。

三浦 その考え方を、生まれながらにして持ってたの？

山内 はい。なんか、「理解できない」みたいなことが怖くて。

三浦 理解できないことが怖い？

山内 できるだけたくさん理解したいし、分かるようになりたいじゃないですか。

三浦 ああ、だから直感的に理解できる原理が好きなんだね。

山内 たとえば、「ドラえもんのひみつ道具があったらいいな」というのはみんなが思ってる原理なわけですよ。誰もがあったらいいなと思うものを、ただつくる。それを心がけています。そんなとき、ビジネスモデルってある種の障害でしかない。

三浦 マネタイズできないからこれはやめようとか、これだとお客さんが集まらないかもしれないからやめようとか、起業家にとっては常識的なビジネスモデルの発想が、理想的なものを世の中に送り出すときには邪魔になってしまう、と。

山内　なので、とりあえずつくってみて、どういう人が使っているか、それが結果的にどういう価値を生み出したかを確認してから、マネタイズしたほうがいいかなと。

三浦　そういう考え方って生まれながらにあるの？　努力したり工夫したりすることで獲得するものなの？

山内　たぶん、試行錯誤していく中で生み出してきたんじゃないでしょうか。

三浦　でも奏人くんは19歳（取材時）でしょ。試行錯誤してきた時間ってそんなに長くないよね。

山内　12歳のときから働いているので、一応6、7年くらいは（笑）。でも、ある種の年齢ハラスメントは受けて生きてきました。やっぱり若いから説得力がないんですよね。だから相手を納得させようと思ったら、経験に照らし合わせるんじゃなくて、「世の中の論理ってこうだから」と説明する。

三浦　つまり原理だ。

山内　はい。**僕にとっては、信頼を築いていくにあたって原理が非常に有効だったんです。人の信頼を得る、納得感のある意思決定を行うには、原理が強い。**そして、原理があることによって、自分が間違っているとも認めやすいんですよね。**人間の考えと原理だったら、原理のほうが強いから。**最近、新しいプロダクトをつくっていて、うちのデザイナーに「ここの挙動をこうしたい。なぜならそれを体が求めているから」って言われたんですよね。これはチームみんなが直感的に理解できたし、何よりもスピーディーだった。結局、僕は原理に基づいて、自分が書いていたパートのコードを書き直しました。これが第一原理の力です。

三浦　**年齢とか法律って、土地とか共同体がつくった偏見、独自のルールだよね。**あらゆるルールって必ずどこかのローカルルールだから。日本とか、港区とかなんとか業界とか。そういったものを全部ぶっ飛ばして、人間が本来求めるものとか、人間が必ず欲しいものを考えるようにしているわけだ。

山内　そうです。

三浦　おれなんかだと、意識的にそういうふうにしないとダメ。一生懸命意識して考えて、やっとそういう境地に達せるわけ。だけど奏人くんはナチュラルにできているのが素敵だなと思う。

山内　三浦さんはそれを意識して行動しているんですか。

三浦　おれは「前提をぶっ壊すのが前提だ」と毎朝、鏡に向かって3回言うよ（笑）。人間って、繰り返しやればクセがつく。そういう思考をしよう、発想をしようと、意識して考えて、「自分の思考の型」をつけていけば、自然とできるようになる。傍《はた》からはナチュラルにやっているように見えるんだけど、おれの場合は努力の賜物なんだよ。

失敗の経験ってレジリエンス（復元力）を高めるものだと思います。
どんなに失敗しても「巻き返せる！」と思えるやつが一番強い。
失敗したことがない人よりも、
1回失敗して戻ってこれる人のほうが強い。
だから信頼できる。
例えば1回も失敗したことがない人の下で働くのって
怖いじゃないですか。

山内奏人　『NEUT Magazine』のインタビューより

Miura's Voice

若くして「何者」かになってしまったコンプレックスもある

このあいだ奏人くんからメッセージが届いた。

「なんか最近20歳を目前にして、思春期をこの業界で過ごしてしまったことへの功罪をよく考えてしまうんですよね」

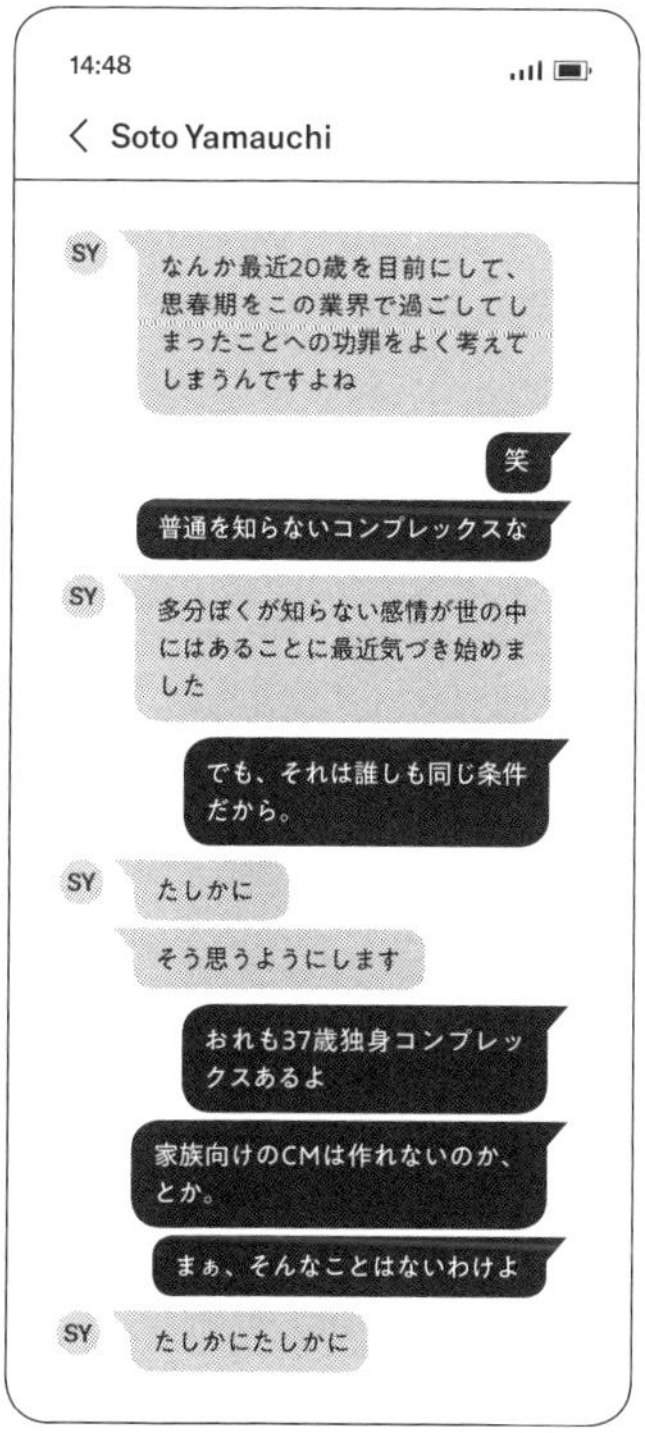
14:48
Soto Yamauchi
SY
なんか最近20歳を目前にして、思春期をこの業界で過ごしてしまったことへの功罪をよく考えてしまうんですよね
笑
普通を知らないコンプレックスな
SY
多分ぼくが知らない感情が世の中にはあることに最近気づき始めました
でも、それは誰しも同じ条件だから。
SY
たしかに
そう思うようにします
おれも37歳独身コンプレックスあるよ
家族向けのCMは作れないのか、とか。
まぁ、そんなことはないわけよ
SY
たしかにたしかに

おれは「普通を知らないコンプレックスな」と返信した。
「多分僕が知らない感情が世の中には
あることに最近気づき始めました」と奏人くん。
「でも、それは誰しも同じ条件だから」と、おれ。
そうなのだ。
おれたちは、配られたカードでベストなやり方を探るしかない。

「おれも37歳独身コンプレックスあるよ。
家族向けのＣＭはつくれないのか、とか。まぁ、そんなことはないわけよ」
そう、そんなことはない。
経験したことしか想像できないんだったら、
人間はこういうふうには進化していない。

それを言ったら、山内くんだってたったの19歳(取材時)だ。
誰かから聞いた「西のほうから熊が来て怖かった」という情報から、
「熊はたいてい西のほうにいる。だから逃げるなら東へ」と考える。
自らの直接的経験だけに頼らず、
個別の事象から普遍を探り当てる力こそが、
人間の優れている点なのだ。

Chapter
3

自分の人生をストーリーにする

×佐渡島庸平

佐渡島　コルクのミッションは「物語の力でひとりひとりの世界を変える」だけど、物語って、能力主義的な世界の中からこぼれ落ちた人たちの心を変えて、もう一回、世界に参加するのを助けるものだなとすごく思うんだよ。

三浦　物語って、人間が脳内で考えるだけならコストがゼロですよね。

佐渡島庸平《さどしまようへい》

株式会社コルク代表取締役。２００２年、講談社入社。モーニング編集部にて、『ドラゴン桜』（三田紀房）、『働きマン』（安野モヨコ）、『宇宙兄弟』（小山宙哉）などの編集を担当する。２０１２年、講談社退社後、クリエイターのエージェント会社、コルクを創業。

Miura's Voice

TM

好奇心は矛盾を凌駕する

佐渡島さんとの出会いは会社員時代。ある飲み会で知り合った。ネットで叩かれて落ち込んでいたとき、当時仲の良かった編集者が連れ出してくれた会だった。そこにいたのが佐渡島さんだ。

おれは興味ある人には自分から話しかけないというルールを決めているので、あえて別の人と話していた。すると間に別の人が入り、おれの仕事を佐渡島さんに説明してくれたのだ。

それを聞いた佐渡島さんが、「そうなんだ。あのプロモーション、うまいと思ってたんだよ」と言ってくれたのが、最初の会話。

以降、たまに飲むようになり、「三浦くん、独立したほうがいいよ」
なんて言われるようになった。
やがてGOとして、最初は福本龍馬《ふくもとりょうま》と2人きりで独立することになり、
佐渡島さんの会社・コルクへ挨拶に行ったら、開口一番
「三浦くん、貯金とか全然ないでしょ」。
実際なかったのでそう言うと、
「コルクのブランディングをしてほしい。
独立した瞬間にお金を振り込むから」。
ほんと、ありがたかった。その気持ちは今でも忘れてない。
これからも、佐渡島さんに何か頼まれたら乗ろうって思う。
佐渡島さんは、おもしろい人に目を付けるのが、とにかく早い。

そして、**さすが編集者と言うべきか、抽象的な思考を図解化する力も、**
相手によって難しさのレベルを変えて話すのも、すごくうまい。
おれにはそれなりに難しい話し方をするし、
抽象的思考に慣れていない人には、
めちゃくちゃ分かりやすい説明の仕方をする。
粒度《りゅうど》の合わせ方が卓越してる。
佐渡島さん自身がスーパープレイヤーなので、もしかしたら、
人をマネジメントすることには向いてないのかもしれない……と、
僭越《せんえつ》ながら思うこともある。
いや、正確には天才漫画家のような
「めちゃくちゃ才能があるけど、ダメな人」を
マネジメントするのはものすごくうまいけど、

「才能はないけど真面目でちゃんとした人」を

マネジメントするのにはあまり興味がないのかも。

だけど佐渡島さんがすごいのは、好奇心がものすごく強いから、

「世の中の経営者がやっているマネジメントという競技を、

自分もやってみたい」と思って、実際にやっちゃってるところだ。

そういう、自分の中に矛盾を抱えてるおもしろい人だなと思ってる。

大人に浸透した動画文化

佐渡島　俺、『編集者 佐渡島チャンネル【ドラゴン桜】』っていうYouTubeチャンネルを1年3カ月くらいやってるんだけど、登録者はやっと2万5千人超えたくらいなんだよね。どうやったらもっと増えるかな?

三浦　これから自然と伸びますよ。「大人向けYouTuber」がようやく認知されつつあるので。多くの大人がYouTubeに興味を示しはじめてます。

YouTubeという文化が大人に浸透してきたタイミングが、まさに今。

佐渡島　なるほど。

三浦　だから、このチャンネルでやんなきゃいけないのは、「佐渡島さんが大人向けのYouTuberである」と宣言することです。佐渡島さんってすごく独特のポジションじゃないですか。いわゆる「ビジネス芸人」でありながら、わりとスタティック(静的)。

佐渡島　うん。

三浦　えてして多くのビジネス芸人って、僕も含めて明石《あかし》ガクトさんとか……

佐渡島　みんなテンション高いよね。

三浦　（笑）。煽《あお》り系ですよね。「いいからやれよ」「頑張れ」「とにかく動け」「手を動かせ」。**そういう「熱狂系ビジネス芸人」が多い中、佐渡島さんは淡々と「本当のことを見つめようぜ」とか「焦るよりも、まずは自分の足場を固めることが大事」といった、極めて冷静なメッセージを発信してる。**いわば「静的ビジネス芸人」。

言葉は借り物でいい

佐渡島　ところで、三浦くんの初著書『言語化力 言葉にできれば人生は変わる』、読んだよ。すごくいい本だった。「言語化力」って聞くと、出来事をちょっとした短文にするとか、どっちかというとコピーをつくるイメージと思いきや、**タイトルを『言語化力 ストーリーにすれば人生は変わる』に変えてもいいくらいの内容だと思った。**それってコルクのミッション「物語の力でひとりひとりの世界を変える」にも通じるなと。

三浦　自分の人生や思考をどうやって物語り、変えていくかという、思考の技術の話ですからね。

佐渡島　僕も新人作家には「なるべく個人的な話をしろ」って言ってる。彼らは「物語をつくるぞ！」って意気込んで、一生懸命頭の中で考えようとするんだけど、頭の中で考えた何かよりも、その人の記憶に残ってる、わざわざ言うほどのことかな？みたいなことを短編にしたほうがいい。

三浦　『パラサイト 半地下の家族』でアカデミー作品賞を獲ったポン・ジュノ監督が、**「もっともクリエイティブな話とは、もっとも個人的な話である」**と言ってたのが、まさにそれ。**誰しも固有の人生と固有の感性を持ってるんだから、そのことを語ったほうが普遍的な物語になるって思います。**

佐渡島　結局何がオリジナルなの？って話ともつながるんだけど、**言葉ってみんなが使ってるものだから、結局はどっかから借りてきたものでしかない。**ただ、それが単語レベルだったら誰もパクリって言わないけど、文章だと「名言ｂｏｔ」って揶揄《やゆ》されちゃうじゃん。それを三浦くんが意識的にやっているのか、あとからそれをＯＫにしたのか分かんないけど、そういうのがいいんだとも書いてるよね。

だから、最後まで読むとやらしくない（笑）。

三浦　**僕はつねづね、日本人の〝オリジナル信仰〟に対して異を唱えたいなと思ってるんですよ。**オリジナリティがなきゃダメだとか、独創性が必要だって言うけど、そういうのが人を超不幸にしてる。同じ言葉でも、使い方とかシチュエーションによって変わるじゃないですか。

佐渡島　**コンテクスト（文脈）によるオリジナリティを出そう、**ってことだよね。

三浦　そうなんですよ。その場、その瞬間にどういう言葉を選ぶのかって話です。**他人の言葉でも、置かれた場所や文脈が違えば、まったく違う意味を持つ。**自分の言葉がないからつらい……と思ってる人に勇気を与えられたらな、という思いも込めて書きました。

僕らが今味わっているもののほとんどは
「ハイコンテクストの上澄《うわず》み」のイメージがあります。
例えば、最近「なるほど！」と衝撃を受けたバッハの音楽。
現代では、バッハの音楽をリラックスしたくて聞く人が多いのではないでしょうか。
それが実は、戦争で多くの命を失う中、
心が荒んだ人々が教会で癒しとして聴いた音楽らしいと知った。
ハイコンテクストの中で作られたものが、
現代でコンテクストが抜けて生き残っているんです。

佐渡島庸平『DIVE DIVERSITY SESSION』より

変化が起きるのがいい言葉

佐渡島　本の中に「変化が起きるのがいい言葉」とあるけど、これも俺が漫画家によく言ってる、「読者の中に変化が起きるのがいいストーリー」に近いと思った。

三浦　コピーって、つい美しい言葉とかエモーショナルな表現とかを求めがちですけど、それは文学者がやればいいこと。僕は言葉の職人として広告の仕事をずっとしているので、「それを好きになる」「それを買いたくなる」「そこに行きたくなる」みたいな、人間の欲望を喚起して「行動が変わる」言葉じゃないと意味がない。ずっとそれだけを考えてきたわけです。

佐渡島　なるほどね。他にも僕がいつも言ってることと、この本に書かれてることがけっこうかぶってたよ。たとえば『ドラゴン桜』がなぜ説得力をもって読者に伝わったか。それはたとえ話ばっかりだからなんだよね。

三浦　僕も同じこと書いてますね。「たとえ話ができる人は構造を捉えてるんだよ」。

佐渡島　そう。**たとえ話は会話を知的に見せる方法でもある。一回俯瞰《ふかん》して物事の構造を捉えない限り、たとえ話はできない。**だから具体と抽象を行き来する練習をして、日常会話の中にぴったりはまるたとえ話ができると、知的に見えやすいよと。

三浦　たしかに、そのとおりですね。

佐渡島　あとは、「悩むことに意味ないぞ」っていうのも。新人漫画家ってストーリーに悩むけど、俺はいつも言うんだよ。「漫画やってる風《ふう》」になるな、「一生懸命考えてる風」になるなとね。とにかく手を動かせよと。
　観た映画のあらすじを「それ観たい」と思われるように説明できるようになれば、漫画家は漫画がうまくなるよ。

三浦　僕も本の中で、「映画のストーリーをうまく解説する」というプロセスを通じて、何かを言葉にする技術の練習方法を書きました。

佐渡島　だからその部分、ページをめっちゃスクショして漫画家たちに送ってるよ。

三浦　むちゃくちゃ嬉しい！　ありがとうございます。

言語にできないことを書く方法

三浦　佐渡島さんは3冊目の本を書いてるんですよね。テーマはなんですか？

佐渡島　言語にできないことに気づく観察力の鍛え方、みたいなこと。今日三浦くんに会うにあたって話したいと思ってたのが、まさにそのテーマで、**「言語にできないことをどうやって書くのか？」**ってこと。小説とか漫画とかの物語って、ひとつのセリフやあらすじでは描けないこと、つまり言語化できないテーマを書こうって試みなわけだけど。

三浦　そうですよね。分かります。

佐渡島　『言語化力　言葉にできれば人生は変わる』に「小田和正は『言葉にできない』と歌った。言葉にできないは圧倒的真理である。言葉にできないもののほうが、絶対に価値がある」って書いてるじゃん？　俺ここを読んで、あ、三浦くんも同じこと考えてるんだと思ったんだよね。だからこの「言葉にできないもの」に気づく方法とか、そのヒントを得る方法とか、自分の直感力を高めたりするために三浦くんがやってることを教えてもらってもいい？

三浦　分かりました。まず大前提として、**「言葉にできないものが世の大半を占めている」と知覚することが、すべての第一歩だと思うんですよ。**

佐渡島　うん。

三浦　大切な人から教えてもらったことがあるんですが、人間には「分かってること」「分かっていないと分かってること」「分かっていないことさえ分からないこと」の3つがあって、最後の「分かっていないことさえ分からないこと」が99％くらいじゃないですか。世の中のほとんどのことって、自分と関係ないところで勝手に起きていて、そのことが分かっていないことさえ、分かってない。とはいえ世界にはこの3つがあるよってことを知ってるだけで、ちょっと見え方が変わってくる。

佐渡島　たしかに、それが第一歩だね。

三浦　そのうえで、ひとつすごく大事なことがあるとしたら、**何かしらの人生の課**

題意識を持つことが、センサーを鋭敏にするんじゃないかなと思ってます。直近だとジェンダーの問題とか、ダイバーシティに関する問題とか。

そうだ、あるメディア論の研究者と、このあいだ一緒に飯食ったんですけど、彼の指摘でおもしろかったのが、世の中って性差別や国籍差別に関してはすごく敏感だけど、能力差別に対しては敏感じゃないですねと。

佐渡島　うんうん。

三浦　彼いわく、世の中って、優秀な人、能力高い人が上のほうに行くのが当たり前みたいになってるけど、それは能力差別主義だよねと。性差別主義や国籍差別主義には反対の人でも、自分は能力差別主義を選ぼうとしてるということに対して自覚的じゃなきゃいけないです、って言われてハッとしたんですよ。こういうふうに、あるイシューが自分にとってすごく大事だ！と気づくことによって、センサーの鋭敏さは上がるんじゃないかなって。

佐渡島　それで言うとさ、起業家の人たちってみんな能力差別主義者だと思うよ。他人の会社よりも自分の会社のほうが利益を出したいわけだから、自分の会社に能力がある人を偏《かたよ》らせたいって考えるわけじゃん。それって浅い考えっちゃ浅い考えでね。前澤友作さんが抽選で社員を採用すればいいって言ってたのは、能力差別主義から脱したいって思ったからでしょ。

三浦　そうですね。

佐渡島　それで俺、政治家ってやっぱりすごいと思うのは、彼らの政治能力は別としても、この国の首相とか、アメリカの大統領もそうだけど、決して能力差別主義じゃないってとこ。

三浦　ほーお、そうですか？

佐渡島　だって国を運営するときに、弱者も含めて日本という国、アメリカという国でしょ。そこに能力差別を持ち込んだら国は運営できなくなる。基本的に政治家のマインドの中には……まあ、税金をたくさん納めてくれる国民のほうがありがたいという気持ちはあると思うよ。でも税金を納めない国民は国民じゃない、みたいな思想はない。だから全員を平等にする施策を考えてるわけ。

三浦　それで言うと、ダイバーシティの先のインクルージョンみたいな、すべてを包摂《ほうせつ》するべきって考え方がありますけど、政治家は最低限それをインストールされてないといけない職業ってことですよね。

佐渡島　そう。で、それが現実には選挙民とか地元への利益誘導みたいな形になって、歪んだインセンティブが働いちゃっているとは思うんだけど。でね、今って経営者が日本を改革するアイデアを、ネットで自由に言えちゃうから、どんどん言うじゃない？

三浦　よく言っていますね。

佐渡島　これって一見、合理的でうまくいきそうなんだけど、すごく能力差別主義的だよね。能力がある人にとっては「生きやすさ」が増す提案をしてるけど、そうじゃない人にとっては「生きやすさ」が増さない提案をしてるなあって感じるときがけっこうある。

物語の力でひとりひとりの世界を変える

三浦　佐渡島さんも、能力差別主義でいいのかという問題意識を持ってるんですね。

佐渡島　コルクのミッションは「物語の力でひとりひとりの世界を変える」だけど、**物語って、能力主義的な世界の中からこぼれ落ちた人たちの心を変えて、もう**

一回世界に参加するのを助けるものだなとすごく思うんだよ。

三浦　物語って、人間が脳内で考えるだけならコストがゼロですよね。外から手に入れるにしても、たとえば『少年ジャンプ』は３００円でお釣りがくるし、それこそコルクの作家さんの小説や漫画だって、５００円から高くても２０００円くらい。極めて安くトリップできるのが物語だし、それが「ひとりひとりの世界を変える」ってすごく意味がありますよね。

佐渡島　そうだね。

三浦　これって「ひとりひとりの」の部分が大事だと思うんですよ。「世界を変える」だけだと極めて能力主義的で、じゃあその「変わった世界」で優遇されるのって誰なんですか？っていう、旧来的な価値のパラダイムじゃないですか。昔で言うと士農工商、今で言うと官僚主義みたいな。じゃなくて、ひとりひとりの世界が個別に、１億６０００万人いたら１億６０００万人の世界が変わればハッピーなのであって。いわゆる起業家の言う「世界の新しい仕組みをつくる」ではないところに、意味がありますよね。

佐渡島　実は、そこがコルク社内でもすごく議論したところ。「ひとりひとりの」

を足すのか、「世界を変える」だけでいくのか。

三浦　「ひとりひとりの」を付けたのは、めちゃくちゃ正しい選択だったと思います。物語とかコンテンツってほんとに民主的なもの。あらゆる人間が同じ金額で享受できるってことだと思います。

Miura's Voice

おれたちはこの瞬間、自分の物語を生きている

物語は他人の心を動かすときに大切なものだけど、
「自分がいちばん身近な他人」という考え方もある。
つまり、自分のケツを叩くためにこそ物語はあるんじゃないか。
しんどくても立ち上がらなくてはいけないとき、おれは
「ライフ・イズ・コンテンツ（人生は全部コンテンツだ）」と唱える。
自分にあと一歩を踏み込ませるのは、
自分という存在を物語の中で認識すること。物語は人生のエンジンだ。
……ってことを言うと、
「僕の人生なんておもしろくない。物語の主人公なんて……」
「私の人生なんて普通だから」と言う人がいる。

そういう人は、古今東西にある物語の構造を学んでみるといいよ。
物語の構造は、昔から何個かしかない。フリとオチ、起承転結。
神話にしろ民話にしろエンタテインメントにしろ、
物語の「型」をいくつか知っていれば、
自分の人生をそこにはめることができる。舞台が宇宙だとか、
敵がゴジラだとかいうのを、
「会社」や「コロナ」に言い換えればいいだけ。
物語の型さえ知ってれば
「自分の人生は物語だ」ということに気づくはず。
自分が物語の主人公だと思えない人は、
自分の人生が派手じゃないからだと言うけど、
実は、物語というものがどういう構造なのかが分かってないだけ

——じゃないだろうか。

そういう意味では、小説などの文学に触れることはすごく大事。

そこには生き方のモデルケースが書いてある。

小説の主人公のような人生を、

自分に落とし込んで考えてみることはとても有効だ。

「小説なんて他人の書いた嘘話だから、読むだけ時間の無駄。

だったら直接人生の役に立つ実用書を読む」って？

いやいや、読んで行動に移さないんだったら、

実用書だって小説だって同じように

読んでも無駄だよね。

Chapter 4

日常はドラマチック じゃないなんて 誰が言った?

×カツセマサヒコ

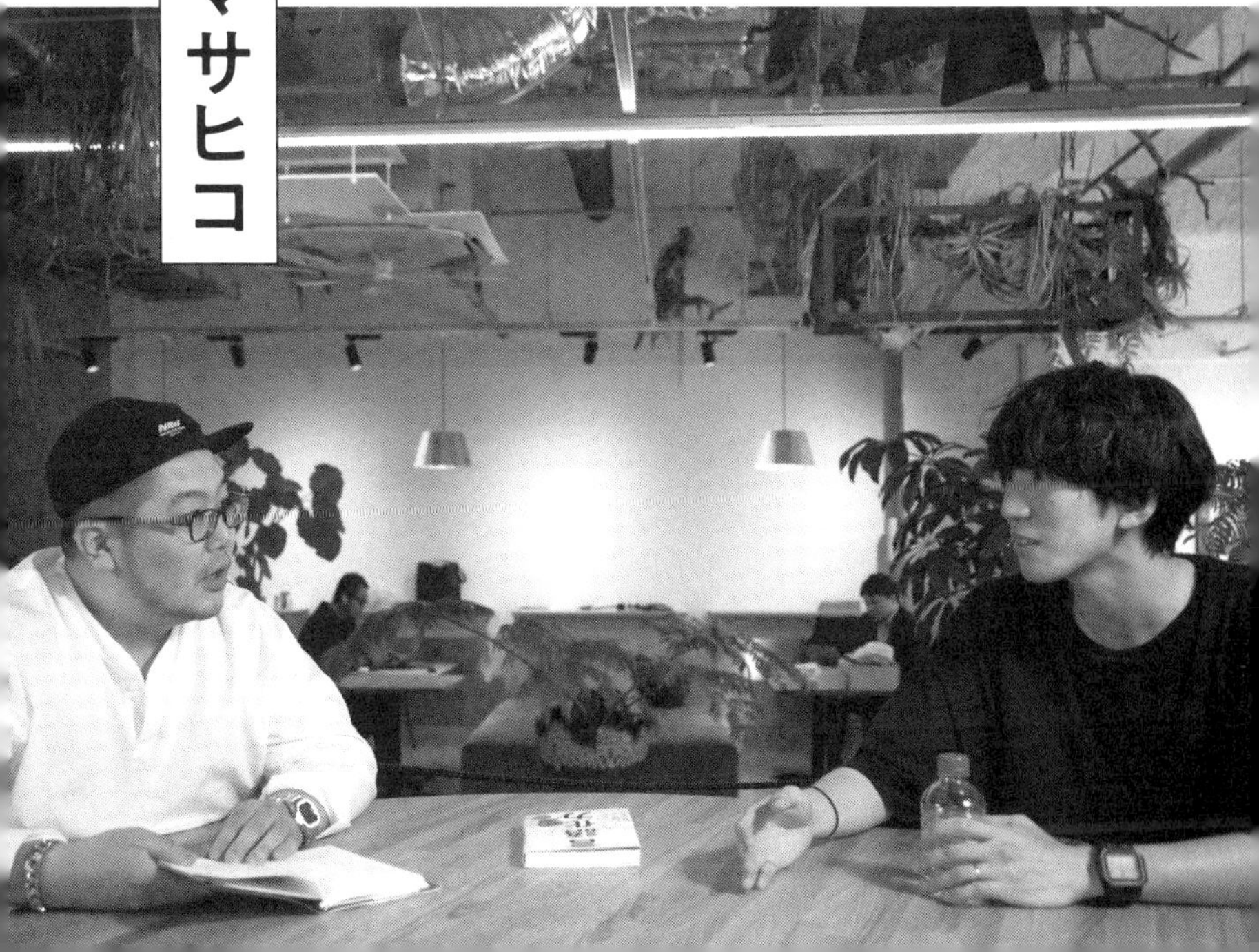

カツセ　僕と三浦さんとは摂氏と華氏くらい体温が違う人だろうと。すごく失礼な言い方をすると、「分かられてたまるか」みたいな気持ちもありまして（笑）。

三浦　おれ、資本主義の申し子みたいに見えてるもんね。

カツセマサヒコ

1986年東京都生まれ。大学を卒業後、2009年より一般企業にて勤務。趣味で書いていたブログをきっかけに編集プロダクションに転職し、2017年4月に独立。ウェブライター、編集者として活動中。著作に『明け方の若者たち』（幻冬舎刊）。

Miura's Voice TM

自分と違う人間にこそ伝えるべきことがある

この対談の冒頭、カツセさんはおれに
「自分と三浦さんは、摂氏と華氏くらい違うと思っていた」と言った。
おそらく彼は、「三浦は結果至上主義者で、
勝つことにしか意味がないと思っていて、人生という競技において
あまり負けてこなかった人間」だと考えていた。
そして彼自身は「自分はたくさん負けてきたけど、
負けたことにこそ価値があり、それで成長してきた」
と自分を規定していたのだと思う。
しかし真面目なカツセさんは、対談をするにあたり、
前もっておれの著作を読んで「すごく負けてきた人なんだな、

這《は》いつくばってここまで来た人なんだな」と理解してくれたみたいだ。

一方のおれはおれで、彼のことをずっと
「いけ好かない奴だ」と思っていた（笑）。

なぜなら、ＳＮＳを活躍の中心の場としているいわゆる
「インフルエンサー」に対する偏見があったから。

彼ら、彼女らの表現は、自分と近い世界の人たちにだけ
褒められれば満足している……ように思えていた。

だけど、おれが「価値がある」と思う表現は、そういうものじゃない。
自分と関係ない人、自分のことを知らない、
なんなら自分のことを嫌いな人に対しても、
届くことを目指して行うものだ。

だけどカツセさんの言動を見ていて、

「彼はそうじゃないんだ」と思えた。


対談の中でおれが引用したツイート。

「本がアイドルのCDみたいに売られてるのが悲しい」。

おれはカツセさんのこの言葉を見て、

「自分と同じ考え方なんだな」と思い、彼に好意的になった。

だから対談はとても和やかな空気で満たされていた。

本を「アイドルのＣＤ」みたいには売りたくない

三浦　カッセさんの著書『明け方の若者たち』は**「本当のこと」と「今の文体」が両方兼ね備わってるから、すごく共感できる本になってるよね。**

カツセ　本当ですか。**三浦さんに共感されるポイントは、一個もないと思ってました（笑）。僕と三浦さんとは摂氏と華氏くらい体温が違う人だろうと。すごく失礼な言い方をすると、「分かられてたまるか」みたいな気持ちもありまして（笑）。**

三浦　おれ、資本主義の申し子みたいに見えてるもんね。カッセさん、書籍のデビュー作をビジネス書とか啓発書ではなく、文学として出したのはどうして？

カツセ　出版のオファーはたくさんいただいていたんです。エッセイ書きませんか、ツイートまとめませんかって。でも、ツイートをまとめて１１００円って、どう考えてもおかしくないですか？　**よくあるアイドル商法のような、「煽ってさえいれば、中身はなんでもいい」みたいな感じになっちゃうのは、すごく嫌で。**その気持ちの最たるものとして、「出すなら小説でしょ。文芸書を出すのが本としていちばん崇高じゃない？」って結論に行き着いたんです。偏見だし、決めつけですけど。

三浦　決めつけっていうか、カツセさんの哲学だよね。だから「本がアイドルのCDみたいに売られてるのが悲しい」って、以前ツイートしてましたよね。

カツセ　**本屋に行って本を手に取る瞬間が大好きなのに、それが音を立てて壊れていく未来が見えてしまったとき、「怖っ」て思ったんですよ。**何か言わなきゃと。でも、現実問題として難しいですよね。そういうふうに資本主義に振り切ってしまえば、売る方法なんていくらでもあるんですけど。文学的な面とか、残したいものとか、こだわりみたいなものがあると、その塩梅《あんばい》が難しい。

三浦　そうなんだよ。これすごく矛盾があってさ、**「カツセさんの生き方」的には、この本を売ろうとすることは実はとてもダサい（笑）。しかし、この本をカッコよく売ることができれば、結果的に「カツセさんの生き方」のカッコよさを証明することになる。ものすごく矛盾した構造になってる。**

カツセ　ビジネス書とかの、あ、別にビジネス書を揶揄するわけじゃないんですけど、「行こうぜ、やれるさ」ってムードも自分の本では出したくなかったです。「今のこの環境をどうしたら変えられるか、こうやったら変えられるぜ！」を謳《うた》うハウツー本がたくさん並んでるじゃないですか、本屋に。でも僕の人生、そんなにうまくいったことがなかったんで。

三浦　まぁ、そうだよね。

カツセ　**世の中、僕と同じようにうまくいかなかった人のほうが多いと踏んでるんです。その人たちに、「それでもまぁ、大丈夫」って安心感を与えたかった。**だって、僕の本で主人公が結局最後に大成功しちゃったら、きっと読者は裏切られたと感じるでしょう。

三浦　そうだね。

カツセ　「こいつ、今の俺と同じところにいてくれてるわ」って読者に思ってほしかったんです。僕、前にいた大きな会社の同期と今でも連絡を取ることがあるんですよ。33歳（取材時）ですから、みんなもう社会人11年目。彼らは彼らの人生をすごく充実させていて、それなりのポジションについていて、後輩もいる。

三浦　うんうん。

独立がカッコいいとは思わない

カツセ　それって素晴らしいことですし、そもそも嫌だったんですよ、「フリーランス万歳。独立超スゲー。みんなで転職しようぜ。これからはフリーランスの時代だ」っていうのが。**「いや、同じ会社にいたっていいじゃん」みたいな要素を、なんか、小説なら書いてもいいかもって思ったんです。ビジネス書としてではなく、物語として。**

三浦　うん。おれも独立してる身だから相談されるんだよ。「独立したほうがいいですかね」って。大手の広告代理店の若者から。

「独立するのカッコいいですね」とか「SNSで自分を発信ですよね」とか。

……待て待て待てっ!!

「全然そんなこと思わないよ！　独立？　え、マジ？　やめとけ」みたいな。**おれ、SNSで自分をブランディングしろとか、一言も言ってないし（笑）。**

カツセ　そこ太字で書いてほしい！

三浦　起業しろとか独立最高とかも、少なくとも公《おおやけ》の場では一度も言ってないよ。**一生懸命、日常を生きることでも、人はドラマチックに生きられる。会社を辞めることがカッコいいだなんて、まったく思わない。**

たまに起業家やクリエイター志望の若者から
『自分には原体験がないんで』とか悩みを相談されるんだけど、
原体験は引きこもりや、海外一人旅みたいな派手なものだけじゃない。
スタバの店員の優しさや、
満員電車の孤独みたいなことからも何か見えることはある。
原体験なんて土日あれば4、5回できるよ。

三浦崇宏　Twitterより

カツセ　『言語化力』にも書いてありましたけど、三浦さんはポジティブに独立したわけではなくて、「大きな会社は全然守ってくれない」と感じた結果、「じゃあ、もう出るしかないよね」感の割合がけっこう占めてましたよね、辞められる際に。

三浦　そうそうそう。

カツセ　僕も、総務部で足引っ張ってばっかりで、「週2でロッカールームで泣いてて、給料20万ってどういうこと?」みたいになって、これは逃げるしかないなと思って退職を決めました。**だから「独立いいっすよね」とか言われても、「とんでもない。会社にいられるなら、それがいちばんです」って言いたい。**

三浦　昔、社会学者の宮台《みやだい》真司《しんじ》さんが「終わりなき日常を生きろ」って言ったけど、そんな大袈裟な話でもなくてさ。ちゃんと毎日楽しいこともあるし、ちゃんと毎日嫌なこともある。カツセさんの本の中で、主人公が一個も成長してないって言ったけど、変わってないわけじゃないよね。**社会的、外見的に変わってないだけで、本人の中ではいろんな変化があっての「今」じゃない? その一個一個の、他人には見えない、自分にしか見えない変化がすごく大事。**

カツセ　たしかに。

三浦　みんな、他人の評価の変化だけを変化だと思ってるけど、**自分しか気づかない、すごく小さな変化をちゃんと慈《いつく》しんで、自分の成長を自分で認めてあげようぜってこと。**これはすごく大切だと思う。

Miura's Voice
TM

「何者かになる」ことを肯定するのか、否定するのか

カッセさんの発信するメッセージは
「何者かなんかにならなくていいんだよ」だ。
一方のおれは、独立したばかりの頃、しきりに
「何者かになれ」
「何者かになるために動き続けろ」
というメッセージを発信し続けていた。
彼が長らく「この人とは摂氏と華氏くらい違う」と思っていたのは、
それを見ていたからなのかもしれない。
だが、カッセさんは「何者」かになってしまった。
自分が「何者」かとして活躍しているのに、

「君たちは何者かにならなくていい」と言うのは、
受け取り方が難しい。
ただ、これはカツセさんの優しさでもある。

今のおれは、
「何者かになるって、べつに幸福じゃない。
ただ、なったほうがいいこともあるかもよ」
くらいのスタンスだ。

違う場所から同じ景色を見ている。

どちらも「何者かになる」ことを

全肯定しているわけではないんだよね。

みんなも、おれも、答え合わせはまだ先ってことだ。

Column

どんな時代も
生きていける人になろう

「人生100年時代」と、口酸っぱく言われる。だけど、100年続いている企業はものすごく少ない。むしろ**企業よりも個人のほうが長生きする時代**が今なのだ。

だから「この会社は素敵だな、ここで働きたいな」と思った会社が100年後も存在していることなんて、ほとんどない。**人生の目標や目的を明確にして生きていかないと、会社がなくなったときに、その後の人生をどうしていいか分からなくなってしまう。**要は、「自分がどういう人間として生きていくのか」のイメージを描いておくことが大事ってこと。

会社に通いつつ、副業で文章を書いている人がいるとしよう。その人は、みんなが言葉にできないモヤッとした気持ちを言語化するのに長けている。であれば、その**「多くの人の細やかな気持ちの代弁者」**のポジションは、ひとつのユニークネス、ひとつの強みになりうるはず。

自分だけの強みは、社会や職場がどれだけ変化したとしても、ずっと鍛え続けたほうがいい。

おれは柔道をやっていたとき、寝技がすごく得意だった。寝技が得意になると、柔道が俄然おもしろくなる。なぜなら、投げ技が失敗してお互いが倒れ込んでしまっても、そのあとの寝技で有利になれると知っているので、リスクの高い投げ技も思いっきりできるようになるからだ。

同じように、**自分の武器を持っていると、会社の中でも自由で大胆な行動がとれる。仮にクビになっても、会社がなくなっても、「武器を生かしてやっていける」**という自信があるからだ。

個人の力を持っているほうが、むしろ組織の中で活躍しやすい。これも、今という時代だ。

会社に所属しながら個人の活動をやるべきか、個人の仕事をメインにするか。迷っている人は多いと思う。だけど、あなたがあなたであるという能力、唯一無二の強みさえ磨いておけば、どうにかなる。ぶっちゃけ、どっちを選んでもうまくいくから大丈夫だ。

自分だけの「武器」を見つけて、鍛え続けよう。

「やりがい」はどこにあるのか

「やりがいとは何か？」を問うなら、その前にまず、「やりがい」という**言葉の因数分解をしたほうがいい。**「やりがい」はものすごく曖昧な言葉で、人によってその意味するところが違うからだ。

因数分解をするにあたっては、まず、あなた自身がいったい何にやりがいや喜びを感じるのかを、具体的に考えてみたほうがいい。思いつか

Column

ない人は、自分の人生の中で**「いちばんテンションが上がったのはいつか？」「いちばん幸福感を得られたのはいつか？」**を思い出してみよう。

たとえば、小学生の頃書いた作文が賞を獲ったとしよう。受賞したことが嬉しいか、それとも初めはピンとこなかったけど、家に帰っておばあちゃんに「良かったね」と褒められて嬉しく感じたか。

前者なら、あなたは成果そのものによってやりがいを感じるタイプだし、後者なら他者に承認されることでやりがいを感じるタイプだ。

こうして自分が嬉しかった部分を細部まで突き詰め、自分の幸福感、達成感の瞬間を言語化することで、やりがいはおのずと見えてくる。

ちなみに、おれのやりがいの底にある持論は、**「人生の価値はハイタッチの回数で決まる」**だ。

ひとりで手掛けた案件が１０００万円儲かった、その手柄を独り占めできるのも、それはそれで嬉しい。だけど、たとえ１００万円しか儲からなかったとしても、それが超素晴らしいプロジェクトで、みんなでやったことで盛り上がれたほうがいいってときもある。

グルーヴ感がない仕事なんて、やっても意味がない。いい仕事ができたときの、みんながジワジワと笑顔になっていく瞬間が、たまらなく最高。それが、おれのやりがいだ。

Chapter
5

一流とは?
フロー型人材とストック型人材

×正能茉優

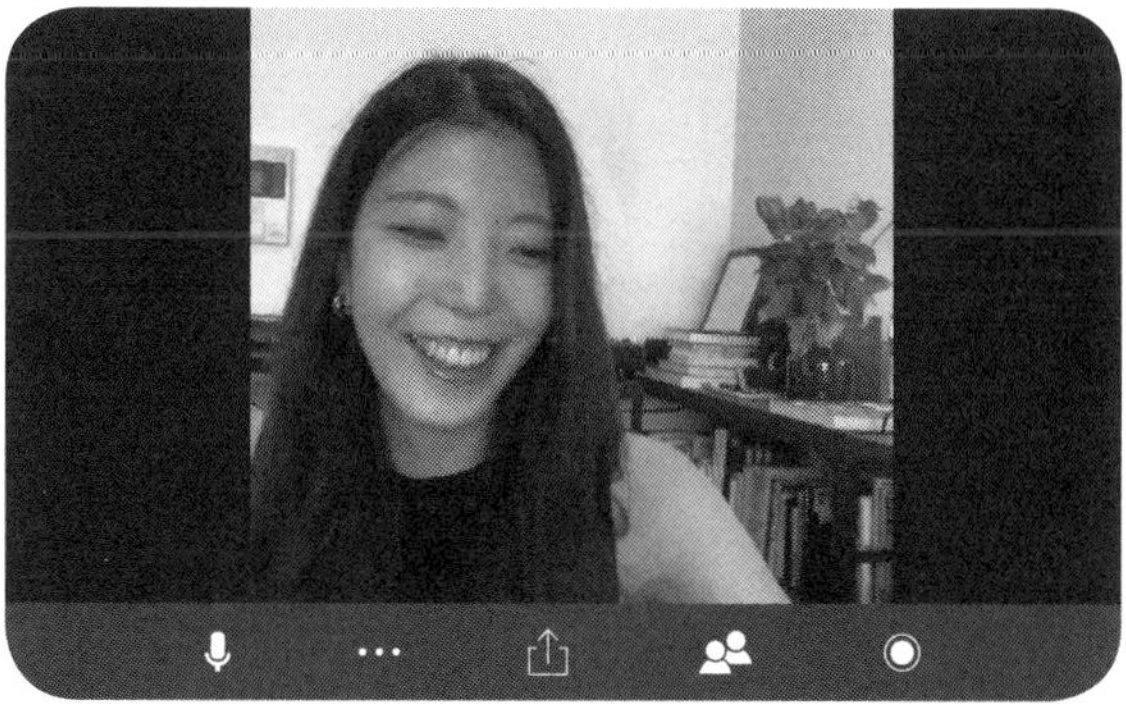

正能　自らをストック化したいフロー型人材の話に関連付けると
どうしたって男性より女性のほうがキャリアは
短期決戦になると私は考えています。

三浦　昭和の先輩方の苦労、あるいは忍耐、
そして平成の方々の捨て身のチャレンジがあって
ようやく令和のあなた方が選べる時代が来た。

正能《しょうのう》茉優《まゆ》

ハピキラＦＡＣＴＯＲＹ代表取締役／大手人材サービス会社正社員／慶應義塾大学大学院 特任助教。１９９１年生まれ。慶應義塾大学在学中、地方の商材をかわいくプロデュースし発信・販売する、(株)ハピキラＦＡＣＴＯＲＹを創業。大学卒業後は、広告代理店でプランナーとして活動。現在は、大手人材サービス会社の正社員でありながら、自社の経営も行う。内閣官房「まち・ひと・しごと創生会議」最年少有識者委員。

消費される人材にはならない

正能　変な言い方なんですが、「今、世の中で活躍している大人」には2種類のタイプがいることを感じています。1種類目は、私と同じように「何がすごいのかよく分からないけれど、世の中の流れに乗っかって1個目の扉開いちゃったよ」系人材。

三浦　「今じゃん、今でしょ!」系ね（笑）。

正能　はい。そういう人たちは、メディアやイベントでおもしろい話をしてくれて、その瞬間活躍されていることは間違いないんですけど、それってやっぱり、あくまでもコンテンツとして消費される人だと思うんです……。

三浦　消費される人材、だ。

正能　はい、私も今はメディアに出る機会をいただいていますが、消費される側の人という自覚はあるので、自分も含めてですけどね（苦笑）。で、もう1種類の人間は、「自分の意志でなんらかの鍵を手に入れて、2個目の扉を開けている」人たち。自らの得意領域や専門分野をしっかりと決めていて、その分野のオンリーワン・ナンバーワン・ファーストワンの存在だったり、その分野のプロとして目線を持って発信できる人、動ける人。「○○といえば、誰々」系ですね。

三浦　そういう人が一流で、「今じゃん、今でしょ！」系は二流ってこと？

正能　そうですね。「今じゃん、今でしょ！」系の人と「○○といえば、誰々」系では、後者のほうが何らかの投資をして、自らの領域を形成し、チャンスをものにしているので、自分の感覚としてそういう順番を付けているんだと思います。「今じゃん、今でしょ！」系の人よりも「○○といえば、誰々」系の人のほうが中長期的に見て、安定して強い。そういう意味で、私も一流になりたいなと思うんです。

三浦　ちなみに、おれはどっちなの？

正能　**三浦さんは自分の領域を決め切ってないけれど、どの領域でも「○○といえば、誰々」系と対等にやりあえる、「一流より上の、超一流」って感じです。**

三浦　うるせえよ（笑）。そうだね、言ってることは分かるんだけど、一流と二流って言い方が良くないな。それだと一流のほうが偉いっていうヒエラルキーになっちゃうじゃん。**本当はそうじゃなくて、今のタイミングですごく時代から求められる「フロー型の人材」なのか、どういう社会環境でも変わらずに求められる「ストック型の人材」なのかってことじゃない？**　つまりフロー型が正能の言うところの二流、ストック型が一流。

正能　たしかに！　そうですね。一流と二流と表現していたのは、ストック型にもなれる何かを持っている人への憧れと尊敬の念です。時間やお金をかけて、確固たる意志を持って自分の領域を形成しているから、すごいなって。

三浦　**ちなみに、おれは自分がストック型の人間だと思ってる。基本的に広告つくるのが自分の領域だからさ。**

正能　領域って、Ｗｈａｔで考えがちですが、Ｈｏｗも領域なんですかね。そう考えると、三浦さんは明確に領域持っていますよね。

三浦　そのうえで質問に答えるなら、やっぱり領域と技術だと思う。今、おれの親友の佐藤昭裕《あきひろ》っていう感染症の専門医が情報番組とかにも出てて、めっちゃフローなんだけど、**彼は感染症専門医としての深い知見と、その知見をベースにいろんなことを語れる知性があるから、仮に表に出ることをいっさい拒否したとしても、ストック型人材としての価値はあり続ける。**テレビに出なくなっても、医者としての商売は何も変わらない。

正能　そうですよね。お医者さんや弁護士の先生は、コンテンツ化しても、同時に自分の領域の仕事はキープできる。中長期的にキャリアを考えると、私のようなフロー型人材も、そういうストック型人材としてのネタを仕込めば、永《なが》く楽しくやっていけるのではないかと思っています。

三浦　フロー型であることは、脚光を浴びるという意味でラッキーに違いないんだけど、正能がたとえフロー型だとしても、今は会社員でありつつ大学院にも通ってるんだよね？　そういうふうになんらかの専門性を持とうとすることが、すごく大事なんじゃないかな。

正能　そうなんです。私は2個目の扉を開けたくて、まず、これまでの自分の経験を振り返りました。自分が興味のあることはなんだろう？って。その中で気がついた「異質な存在は、どのように組織に変化を起こすのか」というテーマについて、大学院で学んでいます。ただ、私が思いつくストック型人材になる方法って、大学院みたいなアカデミズムだったり資格を取ったりという、古き良き日本の履歴書に書くような方法ばかりなんですよね。三浦さんがストック型人材だとすると、私の周りではかなりNewタイプな、アカデミズムや資格に頼らずストック側にいけてる人なのではないかと。ストック側にいく方法、具体的に知りたいです！

Miura's Voice TM

「一流」とは「権威」なのか

正能はおれのことを「一流より上の、超二流」と表現した。
年下からこう言われて「一流じゃないのかよ!?」と怒り出す人も、
もしかしたらいるかもしれない。おれはなんとも思わないけど。
彼女の発言の裏にあるのは、誤解を恐れず言うなら、
彼女がオーソリティ（権威）を大事にする人間だってことだ。
だから大学院にも通うし、有識者会議に呼ばれるのも好きだし、
起業しても、つねに博報堂やソニーといった
大きなブランドが確立しているところに
身を寄せる（もちろん、それが悪いってことじゃない）。
つまり「一流より上の、超二流」の意味は、

おれが「公的な会議に呼ばれたり、
大学や政府や大手の企業に属してるわけではないけど、
実力や知名度はそういう人たちより上回っている」ってこと。
彼女の発言意図は直感的に理解できた。
おれも権威の価値を否定しているわけではないからだ。
大企業ってすごいシステムだと思うし、
官僚とか政治家を務める人たちも、
すごい競争をくぐり抜けているから、いい仕事をするとも思っている。
だから彼女ほどじゃないけど、
超権威主義的思考のパラダイムは理解できるんだ。

会社という大学

三浦　放送作家のおちまさとさんが、「ガラスの破片でも動き回っていれば流れ星に見える」って言い方をしてるけど、とにかくいろんな場所で活躍することかな。あと、おれの場合はシンプルで、博報堂が大学だったと思っている。

正能　博報堂が大学？

三浦　博報堂という大学で10年間、広告の技術を磨いてきた。後半4年間はつねに最前線にはいたから、大学で成績が良かった人みたいなもん。だから『ビジネス・インサイダー ジャパン』に出ても『ニューズピックス』に出ても『スッキリ』に出ても、どんなクライアントと仕事をしても、ある一定の「広告の考え方」って技術で打ち返している自覚はある。それって、寿司職人がどんな場面でもすべて寿司にたとえて「いやー、これ実際マグロさばくときも一緒なんすよ」みたいなことを言うのに近い。

ただ、**広告クリエイターって、極めて雑多な課題をスピーディーに解決する職業じゃん。つまりフロー型。じゃあストックの仕方ってなんですかといったら、明確**

に実績を出すことだと思う。

正能　ふむふむ、実績ですか。

三浦　「私はこれをやった人間です」というやつ。個人にファンがついているんじゃなくて、実績やアウトプットにファンがついていることが、すごく大事。難しいのは、今はSNSで「個人の時代」とかいって、個人にファンがつくからいいんだみたいに言われてるけど、それってまさにフロー型の人材をつくることでしかない。

まあ、8万人くらいいるおれのツイッターのフォロワーのうち5万人くらいはアンチだと思う。でも、仕事が途切れることはまったくない。おれの技術とアウトプットをみんな信頼してくれてるから。おれの人間性なんて究極的にはどうでもいいのよ。

正能　うーん、なるほど。キャラクターと、仕事のありやなしやは別に考えていた方がいいということですか？

三浦　そう。ただ、**アウトプットにはチャンスが必要じゃん？**　そのチャンスはキャラクターによって訪れることもある。だから一概にキャラクターが必要ないとは思わないよ。キャラクターとアウトプットは行ったり来たりするものと認識しつつ、それでいて自分の本質的な力点をアウトプットに置くことが、ストック型の人材になるうえでは大切なこと。

正能　私も「人材」じゃなくて「人物」の側面も持った人になりたいと思い続けてきたんですが、今日の話だと「人物」ってつまりフロー型の人材ってことになりますよね？

三浦　そうだけど、正能の言う「人物」って、時間のフローじゃなくて空間のフローだよね。地方での実績をアウトプットとして、外に打って出る。その意味では、フローによる成果をちゃんとアウトプットとして積み上げていくことが、正能が質問してくれた「フロー型人材がストック型人材に変わる」ためのステップなんだろうね。

「フロー」は入口にすぎない

正能　三浦さんの言う、「フローによる成果をアウトプットとして積み上げていくことが、「フロー型人材がストック型人材に変わるステップ」になること、よく分かります。

三浦　今の正能だってさ、複数の仕事に就《つ》いて……ごめん、すごく失礼な言い方だったら申し訳ないんだけど、「若い女の子」っていうキャラクターを掛け算して仕事を……

正能　いや、むしろ、「若い女の子」っていうのが入口なんですよね。

三浦　だね。その「入口」を利用した人との出会いを経て、こういう論文を書きました、こういう法案の変更に関わりましたってなったら、それがストックじゃん。それは正能が歳取ろうが、今の副業文化が終わろうが、「その変化を起こしたのは私です」という実績は変えようがない。**つまりフロー型人材はフローを利用してストックを持てる。**

正能　私、学生時代に友人から言われてすごく励まされたことがあるんです。大学生で起業して、お仕事をさせてもらっているときに、周りの人から「若い女の子だからできるんだよね」って言われることがちらほらあって。でも一方で私にもその自覚はあったから、いちいちそれに傷ついて……。そんなとき、友人が**「茉優が若**

い女の子であることは、あくまでも〝ドアオープナー〟。それを着地させてるのは、実力だよ」って言ってくれたんです。

三浦　ドアオープナー、きっかけづくりにしかすぎないと。

正能　**若いことも、女性であることも、それがきっかけとなっていろんなご縁ができたりすることも、すべてはチャンスの入口。**そういう意味では、フロー入口でストック型人材を目指すことはひとつの武器ですよね。

ただ一方で、**ストックがまったくないフロー型の人材が一時的にでも活躍するこの世の中って、どうなんだろうという違和感もあります。**あ、自分のことも含めてですよ。

三浦　もちろん好き嫌いは自由だから、自分がフロー型の人材であることに無自覚である大人たちを「全然好きじゃねーな」と思ってもいいけど、「今この瞬間に、能力は何もないけど妙に注目される」ってことが、その時代を象徴しているという意味ですごく重要だったりもするよ。**史料的存在っていうのかな。史料的価値があるフロー型人材ってのは確実にいる。**

正能　ただ、この願望って、世代論も関係してるでしょうね。たとえば私より15～

20歳くらい上の、大きな企業で活躍している女性役員の方々って、もうれっきとしたストック型人材じゃないですか。いつ何どきでも活躍できる実績があって、たとえば他の業界に引っ張られても、そのままの立場でいけちゃう。そこまでの道のりは大変だったに違いないけど、カッコいいですよね。

でも、そこまでして戦えないな、あるいは戦いたくないなと思ったもうひとつ下の世代が、32〜38歳くらいで自分の名前で戦ってる、私よりひとつ上の世代のお姉さんたち。彼女たちは、そこまで頑張らずに、自分の生活とのバランスを考えた結果、自分の生活や、日々の生活での目線を切り売りしていくフロー型の存在になっちゃった。いわゆるインフルエンサーとか。

その両方の世代を見て、さてどうしようと言っているのが私たち、令和に働く女たちです。

令和時代の「妻」のあり方

正能 自らをストック化したいフロー型人材の話に関連付けると、どうしたって男性より女性のほうがキャリアは短期決戦になると私は考えています。今のところ生物として子を産むのは女の人だし、育てるのだって夫と一緒にやるにせよ、やっぱり女性が時間を割くことのほうが多いかと。親の介護のことも考えますし。そうすると女性って、子どもを産む前までの期間しか、仕事にフルコミットできるタイミングがないのかなと想像しちゃうんです。

　だから、それまでにストック型人材になっておかないと、戻る場所がなくなっちゃうし、それどころか、その先どうしていいか分からなくなっちゃう。そんなこともあって、最近私は、考えるところがけっこうあったのかもしれません。

三浦　昭和の先輩方の苦労、あるいは忍耐。そして平成の方々の捨て身のチャレンジがあって、ようやく令和のあなた方が選べる時代が来た。そこはやっぱ、グラデーションを駆使して正能たちが、いや、男女関係なくデザインしなきゃいけないんじゃないの。昭和も平成も両方知ってる、令和の女性たちが新しいポジション、新しいバランスをつくるってことが、受け継いだバトンなんじゃない？

正能　そうですよね。ただ、それらのバトンを同時に受け継いだ私たちの世代にとっては、ある種の自己矛盾になっているのかもしれません。酒井順子《さかいじゅんこ》先生が『男尊女子』で書かれていたような「男性を立てたい、あるいは無意識的にも立ててしまう女性」という感覚がある。その一方で、社会で何者かになれたらいいな、貢献できたらいいな、自分のアウトプットが認められたら嬉しいなという気持ちもある。この2つの気持ちは、これまでは相反するものとして語られてきて、どちらかを選ぶものだったんです、きっと。

三浦　相反しててもいいんじゃない、べつにもう。

正能　いや、もっと言うと、**本当は相反してないはずなんですよね。全然違う種類の欲望だから、両立できてもおかしくない。**食欲と睡眠欲みたいな。

三浦　正能が世の中で何か成し遂げたいってことと、旦那や子どもを守りたいって気持ちは一緒のことだよ、普通に。辻希美《つじのぞみ》さんとか、ママタレが外で活動してると、「この人は子育てをしてないはず」とか言ってくる奴がいるけど、なんという想像力の欠如だ！って思うじゃん。**両立させるためにテクノロジーは進化したんだし。**

正能　これって、**ジャンヌ・ダルクはママタレになり得たのか**って話だと思うんですよ。家族の中での役割を果たしながら、でも社会での活動も続けるママタレに。令和という今の時代なら、ジャンヌ・ダルクはママタレにはなれるのかな？

三浦　なれる。っていうのを信じようぜってことじゃない？

正能　「そう信じて、持てるカードを駆使して実現していこうぜ、周りの協力を得ながら」ってことですよね。

〝案外、妻・ママを楽しみたい自分〟に気づく。
令和というこの時代に合わないのかもしれないけれど、
これからの私は、〝正能茉優〟だけじゃなくて
〝妻であり、母である自分〟も楽しみたい。
今年初めに結婚して、具体的に今後を考えた時、
そんな自分の気持ちが明確になりました。

正能茉優　noteより

1億総アウトプット時代

三浦　さっきも少し話に出たけど、大学院に通ってるんだよね？

正能　たまたま大学院に通っていたので、こうして学ぶ選択肢が具体的にあったのは、ラッキーでしたね。でも、コロナ禍の状況においてはお金に余裕がない人も多いだろうし、可処分時間が増えた人も多い。お金はないけど時間はある。そんな中で、この世の中がちょっぴりいい感じになるには、みんな家で何をしたらいいと思います？

三浦　おれもよく、外出自粛の今この時間で何を学べばいいですか、何をインプットすればいいですかって聞かれるんだけどね。**まずアウトプットしたほうがいいよ。アウトプット込みでインプットも考えるといい。**

正能　どういうことですか？

三浦　文章がうまくなりたかったら文章を書いて誰かに読んでもらうしかない。そのほうが早いよね。絵とか動画とか音楽でも、ＳＮＳを通じて世に出せる。するとダサいとかおもしろいとかカッコいいとか、いろんな意見が来る。それが結果的にインプットになるんだよ。

正能　そうですね。

三浦　しかもアウトプットのほうが金かかんないよ。料理だって、いい寿司食おうとしたら3万円かかるけど、食材買ってYouTube見ながら自分で作って料理を学んだら3000円で済む。だから、このタイミングでアウトプットすることこそが最大のインプットになるってことを、みんな学ぶべき。

正能　テーマ×目線の設定ですよね。そのテーマについて、どういう立場で、どういう目線で、知っていくか。たとえば新型コロナウイルスのことについてインプットするなら、医学的な目線で学びたいのか、はたまた経済学なのか社会学なのか。心理学だってあるかもしれません。目指すアウトプット次第で、大きくインプットは変わると思います。

三浦　**アウトプットが最大のインプットだってことは、やった人間ならみんな分かる。だから今こそ1億総アウトプット時代になるべき。**

よくインプットのやり方を聞かれるんだけど、
『アウトプットこそが最大のインプット』って毎回答えてる。
アウトプットする前提のインプットしか本当には身にならないし、
アウトプットすると必ず良くも悪くも反響があって、
それがインプットの精度を高めてくれる。
仕事以上に効率のいい勉強はないよ。

三浦崇宏　Ｔｗｉｔｔｅｒより

コロナが社会を進歩させたのかもしれない

正能　このような状況下で大変なことも多いですが、前向きな気持ちになれるのは、世の中が変わっていっていることを実感するときかな。たとえば、私が委員として出席している「国の会議」も、これまではオンライン化やデジタル化は進んでいなくて。でも、この状況になって初めて、Ｓｋｙｐｅでヒアリングをしたり、会議をしたりしました！　びっくりしながらも、こうして変わっていくんだなあとワクワクしています。

三浦　スペイン風邪によってヨーロッパは国交がすごく発展したし、ペストによって初めて公衆衛生という概念が生まれた。3・11によって企業はすべてクラウド化したじゃない。**ディザスター（災害）は必ず社会を進歩させる。そして、そのときに社会だけじゃなく個人がどう進歩するかの鍵が、アウトプットによる学びだと思うんだよね。**

正能　致《いた》し方ないときこそ、社会は前進する。ひとつアウトプットについて質問なのですが、アウトプット欲がない人はどうしたらいいんですかね？　こんなときでも、Ｎｅｔｆｌｉｘを見たいのが人の性じゃないかなと。

三浦　それこそストック型の学びが必要なんじゃないの。

正能　うーん……ただ、それにはコストがかかりますよね。

三浦　そうかな。今、学びにほとんどコストかからないけどね。論文なんか、たいていインターネットで読めるし、ＹｏｕＴｕｂｅでほとんどのことは勉強できる。ただ、くだらない情報が交じってる。そこのキュレーションには時間かかっちゃうよね、普通にやったら。

自己肯定感を高めたい人こそアウトプット

正能　話は戻りますが、アウトプット欲がない人が、まず初めにやったらおもしろいことって、なんですかね？

三浦　日記。

正能　日記！　たしかに。私も誰に見てもらうわけでもなく、「3年日記」っていう、毎年同じ日付のものを、3年間見比べられる日記を書いています。日記って、人に見せないけど、でも自分の内面をただ書けばいいから、いちばん気楽で手軽なアウトプットかも。

三浦　あとそうだ、うちの会社のインターン生だった岡田くんが、コロナ禍で暇になっちゃったから絵を描いたんだって。それを友達の、すごく頭が良くて話がうまい奴にお願いして、めっちゃ褒めてもらったらしいんだけど、やってみて良かったって言ってた。人間って、自分が自分のこといちばん分かんないじゃん。心に鏡はないし。でもアウトプットを通じて、それを見た人の感想によって、自分がどんな人間かが分かったりもする。だから、「自分という人間が何者なのか」を他人に教えてもらうためのアウトプットをすればいいんじゃないかな。やっぱり日本の多くの若者はね、褒められ足りてないと思うよ。

正能 たしかに、言葉で褒められ足りてないですよね。

三浦 Ｚｏｏｍの打ち合わせとかも、雑談がなくなるじゃん？

正能 そうそう！　それは感じますね。

三浦 おれ、**打ち合わせではけっこう雑談するようにしてる**んだよ。アイデアを出す会議って脳の運動だから、準備運動が必要なわけよ。脳のストレッチみたいな。それが雑談なんだけど、今まで雑談で頭をほぐしてた。それがないとちょっとしんどい。あと、気軽な立ち話とかで相手を褒めたり感謝したりしてたのが、Ｚｏｏｍだと減ってくるじゃない。これすごく良くないことで、コロナ禍のタイミングで相手についての情報量が減ってきてるからこそ、これからは雑談や相手を褒めたり感謝したりするのが、よりいっそう大事なことになっていくと思う。

Miura's Voice TM

「雑談」はお互いの目線合わせ

令和世代の若手は、おれが雑談を始めても、
「三浦さん、なんで案件と関係ない話するんだろう？」
と思ってる（はずだ）。
「昨日おもしろいことがあったんですけど」と、
若手が振ってくることはほとんどない。
会議の雑談そのものが「無駄」だと感じている若者も、巷には多いと。
この10年の変化のひとつとして、
人は所属するコミュニティがひとつではなくなった。
会社とプライベートの別だけじゃない。
プライベートでも、高校の同級生グループ、

その中でもスポーツが趣味のグループ、恋愛の話をするグループ、
そういう話はいっさいしないグループ、
オンラインサロンなんかもあるだろう。それらは明確に分かれている。
だからある話題は、その話題を投入していちばん盛り上がる
コミュニティに放り込む。別に会社の会議でなくても構わないのだ。

だけど、**特にクリエイティブ会議における雑談は、**
「目線合わせ」の役割がある。

おれがその案件のクリエイティブディレクターだとすると、
おれのする雑談は、「おれは世の中をこういうふうに見てる。
だから、そのおれの世界観で考えてほしいんだよね」、
あるいは「おれの世界観をいっさい外してくれてもいいんだけど、

おれの世界の見え方はこうだからね」という目線の表明であり、共有行為なのだ。

それはたとえば、「一極集中的な権力が明確に存在する世の中って、気持ち悪いと思う」とか「ＬＧＢＴＱの問題に関心があるよ」とか「おれは今の日本社会にはすごく息苦しさを感じているんだけど……」とか。

何より、その雑談が無駄かどうかなんて、その瞬間は誰にも分からない。

雑談から生まれた仕事が山ほどある。

何年後かに、その話題から自分の可能性が拡がっていくかもしれない。

雑談、無駄じゃないよ。

Chapter 6

社会のバグになってはいけない

× 郭 晃彰

三浦　郭みたいに若いうちは、ネットワークを拡げたり、社会的認知を高めたりしていけるじゃない。「可能性」「自由」「影響力」「金」の4つを手にしているのが郭で、「金」しかもらえてないのがおじさんたち、ってこと。

郭　トータルでは得してるんですね、僕のほうが。

郭《かく》晃彰《てるあき》
ABEMA Primeチーフプロデューサー。２０１０年テレビ朝日入社。情報番組でＡＤ、ディレクターを経験後、社会部で国土交通省、海上保安庁、気象庁などを取材。東日本大震災から5年後にドキュメンタリー番組を制作、ＮＹフェスティバル入賞。２０１６年からABEMAで報道コンテンツを制作。『ABEMA Prime』のほか、24時間ニュース専門チャンネル『ABEMA NEWS』の編成・宣伝戦略なども担当。

会社にいる「働かないおじさん」問題

郭　職場によくいる「働かないおじさん」をどうすればいいんでしょうか（笑）。『アベプラ（ABEMA Prime）』でも５回くらい取り上げてるんですけど。

三浦　いるよね。おれも最近、ある大手と仕事するとき、当事者意識がまったくないおじさんが出てきて、逆に感心しちゃってさ。なんかちょっともう……もうちょっとマジメにやってくんないかな？　御社の仕事ですよ？　みたいなね。前の会社にいたときも……（以下略）。

郭　（笑）。

三浦　**人は偉くなると考えなきゃいけないことが多くなりすぎて、考えること自体をやめるんだよ。**どの会社でもそうだと思う。

郭　役職がついて、今までと仕事が変わっちゃうからでしょうね。

三浦　うん。**「考える」のは現場の仕事。「考えなくてもいいシステムを粛々《しゅくしゅく》と守る」のが彼らのポジションに求められる仕事。**特にメディアの会社はずっとこのままだよ。テレビ局のビジネスモデルなんて絶対変わんないから。働かないおじさんも、わりとそういうふうに機能してるんじゃないかな。いわば「社会のバグ」みたいな存在（笑）。外資とかスタートアップだと、エキスパートトロールとマネジメントロールはまったく別。要は、日本のテレビなり広告なりの大手企業が、「クリエイティブのプロが人事マネジメントをしなければいけない」ような歪《いびつ》な構造を変えなきゃいけない時期なんだよね。

郭　そう思います。

三浦　これ何がいちばんエグいかっていうとさ、エキスパートトロールは時間が経てば経つほど自然とエキスパートとしてのクラスが上がっていく……っていう幻想がはびこってることだよ。本当は全然そんなことない。CMを100本撮ったことがある人が、クライアントから「ツイッターでバズるものをつくってほしい」と言われたところで、応えられないじゃん。これがけっこう地獄で、ずっとものをつくってたからマネジメントはできないし、とはいえ歳取ってエキスパートですらなくなってしまった。そういうすごくかわいそうな存在が、メディアコンテンツ界には生まれてるわけよ。

郭　変異できなかった人たちってことですよね。これからますます増えていくんじゃないですか？

三浦　だね。ただ、30秒のテレビCMをつくってほしいというニーズは今後も存在し続けるし、お年寄り向けの健康番組だけつくってほしい、というニーズも一定数はあり続けるだろうから、そっちに枠を振り分けておかないとね。今まではマネジメントロールとプレイヤーロールの2つだけだったのが、これからはマネジメントロール、オールドエキスパートロール、ニュープレイヤーロールの3つくらいに分けないと、組織としても人をディレクションできなくなるんじゃないかな。

郭みたいに若いうちは、ネットワークを拡げたり、社会的認知を高めたりしていけるじゃない。でも働かないおじさんたちは、ネットワークも社会的認知もどんどん減っていってる。もっと言うと、郭が給料上げたいと思ったら転職はいつでもできるけど、おじさんたちはもうできないじゃん？　**「可能性」「自由」「影響力」「金」の4つを手にしているのが郭で、「金」しかもらえてないのがおじさんたち、ってこと。**

郭　トータルでは得してるんですね、僕のほうが。

三浦　だからそのバランスを変えたいんだったら、会社を替えてみることだよ。たとえばだよ、テレ朝から、それよりは規模も知名度も低いメディア企業の役員に転職するとするじゃない。すると、「テレ朝の郭です」で会える人を減らすことにはなるけど、代わりに給料がちょっと上がるかもしれない。

郭　そうですね。たしかに。

大企業に勤める若い人から
『会社の偉い人がカッコよくない』
という愚痴を聞いた。
大企業では出世するためにいろんな人に頼らないといけないので、
偉い人ほど、周りに借りがあるもの。
いちばん〝ありがとう〟と〝すみません〟を言った人が上にいく。
こういう大人のカッコよさもあると思った方がいい。
三浦崇宏　Ｔｗｉｔｔｅｒより

独立を考えたときに、確認すべき3つのキーワード

三浦　おれ、前の会社から独立してＧＯを立ち上げるとき、会社に居続ければ得られる「金」「成長」「名誉」の３つが、会社を辞めたらどうなるか比較してみたの。「金」、つまり収入は１００％上がるな、って確信があった。郭だって、給料上げる方法なんてすぐ思いつくでしょ？

郭　いえ、それはちょっと分かんないです（笑）。

三浦　フリーになってもいいし、グローバル企業に行ってもいいじゃん。で、おれの場合、２つ目の「成長」は怖かった。前の会社には自分より経験ある先輩がいて、企画に意見をくれたり、自分にはない視点を持ってたりしたから。

郭　先輩に「壁打ち」できますからね。

三浦　もし辞めてしまったら成長できなくなる可能性がけっこうあるなと。でも、すぐに気を取り直した。だって、べつに辞めたって先輩たち優しいから絶対会ってくれるし、そういう先輩方って辞めたくらいで会ってくれないような人たちじゃない。会ってくれなくなる人もいるとは思ったけど、そいつらはまぁ別にいい

じゃん（笑）。

郭　（笑）。

三浦　3つ目の「名誉」もドキドキした。前の大手の広告会社のときに担当していたいちばん大きい案件は、日本を代表する自動車メーカーの広告とかだけど、こういうメジャーな仕事が独立後のおれに来るのかどうかは、最後まで不安だったよ。でも、ここは答えが出ないまま独立した。そうして考えると、「金」は絶対上回る、「成長」はイーブン、「名誉」はちょっと不安。つまり「1勝2分け」。なら損はないと思って博報堂を出た。結果、3つの要素とも勝てたとは思うけど、やっぱり当時はギャンブルだった。これを郭に当てはめると……。

郭　僕ですか（笑）。

三浦　金儲けはもっとできる。でも成長するかはちょっと分かんない。じゃあ名誉はどうか。今は『アベプラ』という、すごく影響力のある仕事をしてるよね。郭自身が「この人をもっと世に知らしめたい」って思う人を呼べるわけだから。これが他の場所でもできるかどうか。

Miura's Voice

「最先端」を追い続ければ、「最高峰」がついてくる

「金」「名誉」「成長」について、補足しておく。

まず、「金」。大手の広告代理店にいた時は、おれは30歳で年収が
1100万円だった。同世代の中ではいいほうだったと思うけど、
貧乏な両親を支えながら港区で生きていくには、
余裕がなかったのも確か。
月の手取りは50万円。ただ、おれは新人時代、
博報堂に在籍しながら知り合いのスタートアップの
コンサルティング業務を引き受けていて、
月に20〜30万円のバイト代を稼いでいたので、

月30万程度だったら小さな会社でも払えないことはないと知っていた。
ということは、独立しても3社程度確保すれば、
会社員時代の収入は余裕で超えられるはず。
そう考えたら、金の心配は消えた。

そして「名誉」だけど、まず大前提として、
仕事には「最高峰」の仕事と「最先端」の仕事があると思ってる。
「最高峰」は、広告業界で言うなら、
デカいナショナルクライアントの仕事。
予算が莫大で、格式があって、やることがだいたい
決まっているもの。その多くはテレビCMだ。
一方「最先端」とは、

「そもそもこれ、広告業界がやることだっけ」みたいな仕事。
スタートアップへの投資とか、
誰も知らない新しいテクノロジーを使ったサービスを考えるとか。
同業者の誰もやったことがない仕事のことだ。
分かりやすく名誉につながるのは「最高峰」の仕事だけど、
独立したての頃にそういう仕事は来ない。
だけど、おれは最先端の仕事のほうが楽しいし、
これからはこっちの仕事のほうが価値があると思ったので、
最初から「最先端」に振り切ろうと思った。
今のGOは結果的に最高峰の仕事もさせてもらっているけど、
それは結果論だ。

最後に「成長」。これがいちばん問題で、
フリーランスのクリエイターは、会社員時代みたいに
誰も怒ってくれないし、悩んだときも隣の部署の先輩に
「これどう思います？」と聞けない。
特に広告業界では、仮に商品が売れたとしても、
「でもデザインが媚びてるよね」と言われるし、
おもしろいCMをつくっても
「でも商品は全然売れなかったらしいよ」とか言われる。
作品の完成度とビジネスの成功が、両方求められるのだ。
だけどフリーランスのクリエイターは、とにかく成果さえ出せば、
クライアントから「ありがとう」と言われて甘やかされる。
それでいて会社員時代より実入りがいいんだから、

成長しなくて当然だ。
そのことを、おれは独立前から想像できていた。

だから、新しいことをやり続けることにした。
つまり「最先端」の仕事だ。
誰もやったことのない仕事をやり続けていれば、
結果的に武器が増えていく。
つまり成長できるはずだから。

課題設定力が『アベプラ』の力

三浦 あとね、今って映像コンテンツのリアタイ（リアルタイム）視聴者は重要じゃない時代じゃん。『アベプラ』だって放送されたものを『ABEMA TIMES』が拾って、それがＹａｈｏｏ！ニュースに行くかＬＩＮＥニュースに行くかで、見る人が変わるわけだし。あの仕組みはいいよね。

郭 発明だと思います。

三浦 世の中のニュースメディアの最も下品なものとして、芸能人のブログやインスタの内容をネットニュースにするっていう、頭をほとんど使わない仕事があるじゃん？

郭 （笑）。

三浦 『ABEMA TIMES』ってあれの「良い版」だよね。郭が『アベプラ』で猛獣のような知識人やインフルエンサーをいっぺんに集めて、せーので発言させる。クリティカルな新しい視点がある。問題発言もピックアップされて、短尺の動画とテキストに落として、それをツイッターとネットニュースを媒介にして拡がっていく。これ、影響力にレバレッジ（小さな力で大きな力を発揮する、てこの原理）を利かせるうえで、めちゃくちゃいいと思う。今、若い人の金の使い方が変化していて、10代で寄付する人が増えたんだって。ここ1年で。

郭　クラウドファンディングの影響ですかね？

三浦　うん。若い人たちの間で、「世の中の良いことのためにお金を使おう」っていう気運が高まってる。さらに言うと、20代では政治や社会課題にSNSで何か言うって人が増えてる。この（2020年）3、4、5月ではツイッターのつぶやき量が1・3倍くらいになってるし。

郭　新型コロナの影響ですか。

三浦　うん。人はみんな、すごいストレスがあると何か言いたくなる。政権批判もすごく書く。そういうタイミングで「みんなこれについて考えなきゃダメだよ」とか「これってヤバくない？」と言い続ける報道メディアの価値は高いと思う。で、さっきの話に戻ると、若い人はリアルタイムで見ることを重要だと思ってない。

郭　正直、生放送のほうがテンション上がるんですけどね。収録だと、どうしても「収録かあ……」って思ってしまいます（笑）。

三浦　分かる。分かるけど、でもだからこそ、1週間程度のタイムラグでみんなが解きたくなる問題を、番組で話し合えるかどうかじゃないの？　その課題設定力が優れてるから、『アベプラ』はいいんだと思うな。結論づけると、『アベプラ』がリアルタイムで見られることよりも、『アベプラ』で設定された課題が世の中に拡がっていくってことが、すごくいいことだよね。

Miura's Voice

将来を不安に感じるなんて贅沢だ

コロナ禍の世の中になって、
以前はたくさん受けていた独立の相談がものすごく減った。
個人でやっていくことのリスクを感じる人が増えたからだろう。
一方で、電通が２０２１年1月から、
正社員を業務委託契約にして個人事業主として
働いてもらう制度を導入した。
ニュースで報じられない細かい待遇を知ったうえで言うと、
はっきり言って、人類史上こんなに良い早期退職制度はない。
ところが、40代以上の社員約２８００人に
募集をかけたにもかかわらず、

手をあげたのはたったの約２００人くらいだったという。

退職というものが「面倒くさい」ものになってしまっているからだ。

電通に限ったことではないけど。

海外移住に憧れはあっても、実際にやらないのと一緒。

生まれ育って、周囲が全員知り合いの組織にいると、

わざわざここを抜けて「新しい国に行くメリット」を見出しにくい。

でもやっぱり、面倒くささを乗り越え、退路を断った人間でないと、

底力は出せない。

電通の件も、手をあげた人たちは社内でも「できる人」だったという。

ダメな人を大量に辞めさせるつもりで制度をつくったら、

逆にできる人が応募してきてしまったという誤算だ。

じゃあ、おれが独立について相談されたらどうするか。

まず、「独立しようかどうか悩んでます」という奴には、
たぶん会わない。悩んでる時点で、独立なんてしないから。
そういう奴は「君ならできるよ」と承認してほしいだけだし、
会っても飯をおごらなきゃいけなくなるだけ（笑）。

「独立したいんです」という奴には、1回は止める。
なぜなら、止めてもなお独立しようとする奴しか、うまくいかないから。

「危ないよ」「本当に大丈夫？」
「基本、やんないほうがいいと思うよ」と言ってリスクを並べる。
おれ自身、たまたま起業後4年間うまくいっているだけで、
人生の勝ちが決まっているわけじゃないから、
無責任に独立を勧めることはできない。

それでも「独立するって決めたんです」と言い切る奴には、あらゆる応援を惜しまないよ。

独立後、不安じゃなかったかって？

不安になるほどの余裕はなかった。なれるものなら不安になりたかったけど、独立直後は毎日3時間しか睡眠時間が取れなかったから、不安になる前に寝ちゃってた。たまに不安になる隙間があったとすれば、共同経営者の福本龍馬と徹夜した朝、ふたりでオフィスのある麻布十番から自宅までを歩いた帰り道の10分間だけ。おれたちにとっては、目の前のお客さんに「答え」を出すほうがずっと大事だった。

将来よりも、翌日のプレゼンのほうがずっと不安だった。
むしろ去年くらいからようやく、
経営者として不安になれる余裕が出てきた。
どうしたら社員の給料をもっと上げられるだろう。
2025年までに100億円企業になれるだろうか。
三浦が今、何かの事故で逮捕されたら、
みんなに迷惑かけちゃうな（笑）、とか。

不安は贅沢品なのだ。

とはいえ、5年後には社会環境が激変しているから、
今不安になってもしょうがない。
数年後に今と同じルールでビジネスが動いてるかどうかなんて、

分からない。先のことを考えるのは不毛だ。
１００年経っても実現できなさそうなことを夢想するのはいいと思う。
そして、明日の仕事のためのことなら、どんどん悩むべきだ。
おれたちは、１００年先と、
今のこの瞬間だけを考えていればいい。

Chapter 7

もう、意味の分かんない飯は食わなくたって、いい仕事は成り立つ

× 龍崎翔子

三浦　おれが令和のコミュニケーションについて感じるのは、龍崎の世代って、相手の時間を奪うことについてすごく繊細だよね。

龍崎　ええ。私たちはむやみに人を誘わないです。ＳＮＳで「頑張ってるね、また会おうね」で気持ち的には完結するんですよ。

龍崎翔子《りゅうざきしょうこ》
L&G GLOBAL BUSINESS, Inc.代表、CHILLNN, Inc.代表、ホテルプロデューサー。１９９６年生まれ。２０１５年にL&G GLOBAL BUSINESS, Inc.を設立し、「ソーシャルホテル」をコンセプトにしたホテル『petit-hotel #MELON』をスタート。２０１６年に『HOTEL SHE, KYOTO』、２０１７年に『HOTEL SHE, OSAKA』を開業したほか、『THE RYOKAN TOKYO』『HOTEL KUMOI』の運営も手がける。２０２０年はホテル予約システムのための新会社CHILLNN, Inc.を本格始動。

仕事以外のコミュニケーションが分からない

龍崎　今日ご相談したいのは、コミュニケーションの問題というか……。私、人と仕事以外の話ができないんです。わりと人見知りなんですよ。

三浦　分かるよ。

龍崎　仕事が大好きなので、仕事の話題のときはすごく話せるんですけど。世の中一般のトークみたいになったときに、あんまりおもしろいことが言えません。雑談というものができないんです。

三浦　何を話しても仕事の話になっちゃう、と。ヘミングウェイの『何を見ても何かを思い出す』じゃないけど、「何を話しても何か思いつく」。

龍崎　そうそうそう！

三浦　だからついうっかり、仕事っぽく「それってこういうことじゃない？」と言っちゃって、「あ、そういうの求めてないから」って顔をされる。

龍崎　超分かります！　だって仕事関係者じゃない限り、相手は私の仕事になんて興味ないじゃないですか。そういうとき、本当に話すことがない……。

三浦　まあ難しいよな。**コミュニティが違うとルールも変わってきちゃうし。**昔は「年齢」とか「土地」とか「資本」とかで人のいる場所がなんとなく区切られてたから、ほっといても同じような話で盛り上がれたけど。

龍崎　私がひたすら仕事の話をしたら、相手はただ「ふーーーん」ってなっちゃうんじゃないですかね？　互いのフィールドが圧倒的に違うと、会話が成り立たないなって。だから、**いかに自分を相手と同じフィールドに持っていくか、みたいなことを考えはするんですけど、自分の守備範囲が狭すぎて……。もう、マジで話せるトピックがない！**

三浦　でも、おれたちはいつも仕事のことを考えてるんだから、むしろ、なんの質問をしても仕事につなげられるはずだよね。たとえばおれだったら、丸紅の同級生に対して、「商社って社内恋愛率がすごく高いって聞くんだけど、実際何パーくらいなの？」とか。

龍崎　たしかになあ。

三浦　向こうにとってはおもしろい世間話であっても、こっちにとっては仕事の話、なんてことはいくらでもある。そういう質問はいくらでも考え出せるでしょ。**おれたちみたいに24時間仕事のことを考えてる人間は、それが逆に武器になるんじゃない？**

龍崎　うんうんうん！

どれだけ言葉を尽くしても、
自分の気持ちは自分が思っているとおりには伝わらない。
この前提を自覚しているかどうかで、
コミュニケーションの精度はグッと変わるよ。
コミュニケーションって、みんな簡単だと思ってるけど、難しいから。
練習も工夫も必要だし、失敗を繰り返して少しずつうまくなるもの。

三浦崇宏　Ｔｗｉｔｔｅｒより

その人が褒めてほしいことを見つける

龍崎　私、めちゃくちゃお決まりの、ワンパターンな会話スタートがあるんですよ。

「名前、カッコいいですね。どこ出身ですか？」「その歳でホテル経営してるんですか？」。人生で1万回くらい説明してます（笑）。

三浦　吐きそうになるね（笑）。

龍崎　聞かれて嫌ではないんですが、答える過程が作業になっちゃってて……。楽しくないことはないけど、淡々と話してしまってるんですよ。だから、いざ自分が質問する側に立つと、「この質問、他の人にも聞かれたことあるだろうなあ」と思って避けようとしちゃう。そういう謎の縛りをつくっているせいで、質問できることが超限られてしまうという。

三浦　分かるけど、質問でも「誰がしてるのか」で違ってくるよね。「24歳（取材時）でホテルを経営してるんですか？」を、100年続いてる和菓子屋の24歳の若旦那に言われたら、ちょっと違うよね。だから、他の人に聞かれたことがありそうな質問でも、龍崎に質問されたら違うってことはあり得る。龍崎は、自分が龍崎だってことを大事にしていいと思うよ。

龍崎　自信持っていいんですかね？

三浦　うん。そのうえで「その人が今まで一度も褒められたことがないけど、本当

は褒めてほしいこと」を見つけてあげる。これが大事。

龍崎　それは超嬉しいですね！

三浦　このあいだ、ゆうこす……菅本《すがもと》裕子《ゆうこ》大社長に、GOのゼミに来てもらったんだよ。そこでおれ、彼女をこう紹介した。「ものすごい努力家で戦略家で、ビジネスにおいて、こんなにもインフルエンサーであることを武器に変えた人はいない」。彼女、ものすごく喜んでくれたよ。「かわいい」とか「インフルエンサー」とか「SNSの使い方がうまい」なんて、たぶん4億回くらい言われてきてるけど、「〝戦っている〟みたいな表現をされたことはないです」って。

龍崎　しかも、褒めが具体的ですよね。「すごい」みたいな抽象的な褒めじゃなくて、ちゃんと人を見るってことですよね。

「飲みに行こうよ！」と気軽に言えない

龍崎　私、SNSで「いいね！」のやり取りはめっちゃするんですけど、**「今度飲みに行こうよ」が全然言い出せないんです。**自分自身、どんな予定でも、行く直前までずごく面倒くさいって感じちゃうんですよ。だから自分から誰かを誘えないのかも。

三浦　でも、すっげー必要だったら誘うでしょ。

龍崎　最近気づいたんですけど、私、今まで人にあまりお願いごとをしてこなかったんです。人から頼まれるのは、わりと二つ返事でＯＫなんですけど、自分から誰かに「これ書いていただけませんか」「出演していただけませんか」って依頼したことは全然ないなって。

三浦　でも、依頼された側にとって「依頼者を助けてあげる」というのは、すごく気持ちのいいことだよ。

龍崎　うーん、たしかに……。

三浦　依頼に応じることで、「このあいだ三浦を助けてやったんだよね」と言ってもいい権利を得るというか。おれの話で言うと、後輩に飯をおごると彼らは一応恐縮してくれるんだけど、そのときにはこう言うようにしてる。「その代わり、10年後におまえが偉くなったら、『あいつに飯おごったことあるんだぜ』って自慢させてくれよ」って。

龍崎　ふむふむ。

三浦　**何かを依頼するというのは、実は、相手に喜びを与えることでもある。**

龍崎　なるほど、なるほど。

三浦　飲みの誘い話に戻ると、きっと龍崎は「これは相手のメリットになるだろうか」「相手の時間をいただくことは失礼じゃないだろうか」ってすごく考えちゃうんだよね。だけど、龍崎のことを知ってる人からしたら、龍崎の依頼や相談に乗るというのは、すごく嬉しいことだよ。

龍崎　！

三浦　**「こんなに素晴らしい人が、自分のことを頼ってくれたんだ」って体験は、ものすごく自尊心を高めるしね。**もちろん、奥ゆかしさとか、相手のことをどれだけ想像しても想像し足りないと思う謙虚さは大事だよ。でも、それによって龍崎が人にお願いすることが減ったら、世の中の回るスピードが遅くなるじゃん。それはもったいない。

龍崎　たしかに。

三浦　そういえば、ある知り合いが昭和のビジネスモンスターに会いに行ったら、いきなりブチ切れられたんだって。「この野郎、テメエんとこの社長はどれだけ不義理なんだ！」って。訳分かんないから、会社に帰って自分んとこの社長に聞いてみたら、何カ月か前にその方から人を紹介してもらったんだって。だから社長は早速その人に手紙と贈り物を贈った。ところが、後日再び会ったら、またもブチ切れられた。

龍崎　え？　なんで？

三浦　「テメエこの野郎、これは気持ちとかじゃねえんだよ。ビジネスなんだよ！」って。要は、その人が紹介した人のおかげで何かひとつ仕事が生まれたらしいんだよ。だから、社長はお礼状や贈り物じゃなくて、ビジネスでお金を戻さなきゃいけなかったわけ。

龍崎　任侠《にんきょう》の世界ですね……。

三浦　そう（笑）。「あいつに貸しがある。いつか返してもらおう」でビジネスしてる人が、昭和の世代にはけっこう多い。

　とにかく、**昔の貸し借りベースの数学みたいな昭和プロトコルはもう終わるだろうから、これからは「与えまくる奴」のほうが絶対いい。**実際、今30代以降で成果を出せてる人って、与えまくってる人でしょ。

龍崎　そうですね。

戦後から現代までを俯瞰すると、
昭和は「国家」と「規模」の時代でした。
つづく平成は「企業」と「機能」の時代だったと言えます。
令和の時代は「個人」と「思想」が優位に立つ時代になるでしょう。
そのとき、やはり「クリエイティブ」が
重要な武器になると言えそうです。
三浦崇宏　『超クリエイティブ「発想」×「実装」で現実を動かす』より

令和の時代のコミュニケーション

三浦　ただ、おれが令和のコミュニケーションについて感じるのは、龍崎の世代って、相手の時間を奪うことについてすごく繊細だよね。めちゃくちゃ気遣ってる。

龍崎　ええ。私たちはむやみに人を誘わないです。ＳＮＳで「頑張ってるね、また会おうね」で気持ち的には完結するんですよ。**いちいち会って情報共有する必要があまりないというか。**

三浦　それって必然的な変化だよね。昔は「会う」以外にコミュニケーションを取る手段がなかったから、「また飯でも行きましょう」が挨拶として普通だったけど。

龍崎　だからおのずと、「リアルで会う」は「ＳＮＳでできない話をするために会う」という意味を帯びていく気がします。あるいは、一緒に何かの体験をするために会う。コミュニケーションのあり方がすごく変わってきてるなって感覚はありますね、私たちの世代では。

三浦　**もう、「意味分かんない飯は食わない」でいいんじゃないかな。**意味分かんない飯食うくらいだったら、「いいね！」で十分。でも、福岡の川で船に乗りながら食べる朝飯は絶対一緒に行きたいし、「この時間の、この窓から見える、この山の景色ヤバいから来て」は、あり。

龍崎　そうですね。「どこどこ行きたいから、一緒に行かない？」系の誘いはします。

三浦　龍崎の場合、業界のお偉いさんとの仕事もけっこう多いから、それこそ、昭和プロトコルと令和プロトコルを使い分ければいいんだよ。

距離を詰めたい人とは、ここ一番で飯に誘う

龍崎　上の世代のかたとご飯行くって嫌じゃないんですけど（笑）、そっちに慣れたら慣れたで、いざ同世代を前にすると「あれ、普通はどう遊んでたっけ？」って我に返っちゃうんです。私、19歳で起業したので、同世代とただ遊んだのって、大学1年生のときの1年間しかなくて。「表参道でいつもつるんでる仲間」みたいなものへの憧れが、すごくあります。

三浦　「表参道でいつもつるんでる仲間」、それ、もはや幻想だよ（笑）。

龍崎　（笑）。でも、思ってしまうんですよ。どこに行ったらそういうものが生まれるんだろうって。**お互いSNSでフォローし合ってるけど、今一歩仲良くなれてない人っているじゃないですか。**

三浦　**飲み食いしてるときって脳内麻薬が出るから、自然とポジティブになるんだ**

よね。ハイネケンのCMで、ビール飲みながらフェミニストの女性と反フェミニストの男性が会話してるうちにお互いを理解しあう、というのがあるんだけど。距離を一歩詰めたい人を飯に誘うのは、すごくいい。

逆に、そこそこ距離は詰まってるし、これ以上関係性をメンテナンスする必要がない人とは、わざわざ飯を食う必要がない。

あとはやっぱり、おれたちの場合は、仕事を頼むのがいちばんだよ。

龍崎 そうなんですよね！ 仲良くなるには、一緒に仕事をするのが、いちばん早い！

Miura's Voice

コミュニケーションの形は進化している

令和世代が「相手の時間を奪いたくない」からむやみに人をご飯に誘わないのは、正確に言うと「飲みに行くコミュニティではない人に、飲みに行こうって誘ってもいいんだっけ？」ということなのだと思う。

つまり今は、飲み会がフットサルみたいなものになっている。

フットサルをやる人じゃないと、フットサルには誘えない。

それと同じなのだ。「フットサルやる人ですか？」と同じく、「飲み会とか誘っていい人ですか？」の確認から入る必要があるのだ。

かつて飲み会は、
問答無用で誰もが好きなコミュニケーション手段だった。
だけど今、コミュニケーション手段はＳＮＳだってゲームだって、
なんだってある。飲み会はその中のひとつにすぎない。
結果、令和世代とのコミュニケーションをとる方法として、
「仕事終わったら飲みに行こうぜ」は使えなくなった。
本当だったら、社員５、６人で３時間飲んで
「なんかおもしれえな」「そんなこと考えてたんだ」
となるのが理想だけど。

だからＧＯでは、社員１人30分ずつ、
おれとマンツーマンでざっくばらんに話すセッションを

毎日必ず設定することにしている。
「君は何を考えているの？　君にはこういうことを期待してる。
何か課題だと思ってることはあるか？」って。
社員同士5、6人の飲み会では、
他の社員に聞かれたくないこともあるだろう。
酒が苦手な奴だっている。

令和世代にとって重要なのは、
ノイズの入らない場所での、
1対1のコミュニケーションなのかもしれない。

特別対談

×ゆうこす

恋愛って
ずっと難しいよ

「何を言うか」ではなく「どう言うか」

ゆうこす　お付き合いしている人が似たような仕事をしていて。相手の仕事について口を出したくなったら、どうしてます？

三浦　わりとちゃんと言うようにしてるね。ただ、「誰よりもあなたのファンである僕としては、こうしたほうがいいんじゃないかって思う。ただ、僕の意見を聞くか聞かないかは、もちろんあなたの自由」という姿勢だね。

ゆうこす　それで相手との関係が変になったりしないですか？

三浦　これはゆうこすのほうが分かってることかもしれないけど、広告

の世界には「What to say《何を言うか》」と「How to say《どう言うか》」があるんだよね。**お付き合いしてる人に対しても同じで、言い方を工夫すべきなの。**上から目線でアドバイスするんじゃなくて、あくまでファンとして言う。その点、ゆうこすはおれよりずっとうまいと思うんだけど。ある意味で「バカなふり」って大事じゃん？

ゆうこす　まあ、ぶりっこの真似は得意かもしれないです（笑）。

三浦　あと、おれは広告のクリエイティブディレクターなので、チームの人の考えたことを否定しなきゃいけないこともたまにあるのよ。いや、絶対あるのよ。ただ、それは相手の才能を信じてるからこそ。「こいつだったら、おれの想像を超えるもっとすごいアイデアを出してくれる」って。チームが奇跡を起こすことを信じて、無理を言い続けるのがクリエイティブディレクターの仕事だと思ってるから。

ゆうこす　うんうん。

三浦　よく、「代案なき否定は悪」とか言うじゃない。おれはあれ、ちょっと微妙だと思ってる。それを言いはじめると、会議が進まなくなるんだよ。「なんか違う気がする」って気軽に言える会議のほうがいい。「こいつなら代案を出せる」と信じてるからこそ、そう言えるわけで。

以前、宇垣美里《うがきみさと》アナがやっかまれて、いろいろ言われたとき、「私には私の地獄がある」って超いいこと言ってたんだよね。あれと一緒。当事者じゃない人間にできるのは、「あなたとは別の人生を送っている私の視点から、こういうふうに見えていますよ」っていう、今とは別の可能性を提示することだけだと思うんだよね。

ゆうこす　なるほど！

三浦　**自分にとって大切な人が増えると、その人の視点が自分の中に取り込まれるでしょ。恋愛のすごいとこって、そこだと思う。**自分だけだと楽しめないことでも、相手がそれを楽しんでいれば自分も楽しくなれる。美容マニアの彼女ができたら、ふたりでシミ消しに行ったり、新しい遊び方が増える。彼女の分だけ、まんま世界が拡がるってことだよね。

ゆうこす　それはありますね。私は周りを気にせずガンガン突き進む性格なので、全然違う考え方を持つ彼から学ぶことも多いし、違う考えを教えてくれて嬉しいなって思いました。

三浦　相手の視点を学ぶことが、恋愛のいちばんおもしろいところだったりする。**やっぱり意見より視点だと思うんだよね。**「私はこう思う」じゃなくて、「私の目からは、こう見えている」。それをどう説明するかだよ。

恋愛でも友情でも、人を好きになることの最大の価値は、
自分の中に多様性を取り入れられることだよ。
大切な人ができれば、その人が大切にしているものを
大切にしようとするし、その人の世界の見方を学ぼうとする。
好きな人の数だけ、価値観を取り入れられるから、
結果として自分の世界が広がっていく。

三浦崇宏　Ｔｗｉｔｔｅｒより

三浦　あともう1個、すごく大事なのは、「私はあなたのことを全部分かるわけではない」という前提に立ったうえで、「あなたのことを分かりたいと思っています。そのために全精力を傾けますよ」って、相手に示し続けることだよ。

ゆうこす　その言葉、昨日そのまんま彼に言いました！

三浦　男女関係なく一生懸命に仕事をしている人って、だいたいめっちゃ臆病だからね。その臆病さが何かというと、「自分が天才だと思う瞬間」と「無価値だと思う瞬間」の振れ幅の広さと、速さなんだよ。三浦調べでは、だいたい4秒ごとに「おれは天才かもしれない」「消えたい」を繰り返す。特にクリエイターってそういう生き物だから。

ゆうこす　そうです。行ったり来たりが超速い。そういうとき、私は横でうんうんって聞いてるしかないんですけど。

三浦　それでいいんだよ。一生懸命生きてる人は、励ましなんていらない。励まされなくたって、どうせ頑張るから。頑張れって言われても全然テンションは上がらない。

だから**「あなたが頑張ってることを、私は知ってるよ」と言ってあげることのほうが大事。**

ゆうこす　彼は本当に繊細なので、言葉選びには相当注意しなきゃいけないんです。それもあって、うかつに言葉を挟めないんですよ。なので、うなずいてるだけなんですが。

三浦　けっこう喧嘩する？

ゆうこす　は、はい……。最近、相当キツいやつがありました……。

「肯定マウンティング」をしよう

三浦　彼とどんな喧嘩を？

ゆうこす　細かくは言えないんですけど（笑）、ざっくり言うと、売り言葉に買い言葉で私がキレちゃって。私は職業柄、どうしても結果の数字を意識して仕事をしているのですが……。数字では測れない彼の仕事を同じ基準で比べちゃったり……。分かりづらい説明ですみません（笑）。

三浦　うわ、それはダメだ。

ゆうこす　私、完全にアウトですよね……。めちゃくちゃ反省しています。

三浦　かつてザ・ブルーハーツの甲本《こうもと》ヒロトが言っていた、「売れているものが良いものなら、世界一うまいラーメンはカップラーメンだよ」って話だよね。

ゆうこす　彼からは、君は悲しいインフルエンサーですね、的なことを言われて……。

三浦　すげぇ、おもしろいね。それを生配信すればいいのに。かっとして言っちゃったにしろ、否定によるマウンティングは本当に良くない、というかもったいないよ。おれたちは表に出ていると、よく分からない業界の人から、謎の批判をされることもある。「ＧＯの三浦の言ってることは、いつも普通だ」「ゆうこす、話がおもしろくない」みたいなこと言われるじゃない？　あれって本当にもったいない（笑）。そうじゃなくて、もっとうまいマウンティングがあるのに。

ゆうこす　それ、教えてください！

三浦　おれが前にいた会社の先輩で、何回か飯食っただけの人が「三浦は俺が育てた」ってたまに言ってるらしいんだけど、このマウンティングはうまいなあと思うよ（笑）。こっちも完全否定はできないから、なんか「ありがとうございます」みたいな感じになる。**三浦の実力を認めたうえでの、肯定によるマウンティングね。どうせマウンティングするなら、こっちのほうがずっといい。**「最近のゆうこす、すごい頑張ってるね。俺は昔から応援してたけど」とか。「彼の言ってることが分かるのは俺くらいだよな」とか。ある意味、大人プレイだよ。

恋人へのサプライズは自分のためにするもの

ゆうこす　ところで、社会人カップルって忙しいじゃないですか。**デートが、なあなあになること**ってありませんか。相手へのサプライズとかどうしてますか？

三浦　うん。おれ、めっちゃやってる。言える範囲だと……、たとえばお付き合いしている人の誕生日ね。前日と当日2日間過ごしたんだけど、1日目を買い物日にして、**好きなものは全部買ってやる**っていう大人プレイをしたことあるよ。

ゆうこす かっこよ!! ドラマみたいな話ですね!

三浦 これ、電通がディズニーランドを日本に招致したときに、電通の人がアメリカ本社の偉い人にやった接待のパクリなんだけどね(『エンタメ」の夜明け』っていう素晴らしい本に書いてある)。

ただ、こういうサプライズで大事なのは、相手に恩着せがましくしたら終わりってこと。

ゆうこす ふむふむ。

三浦 ホテルのレストランでもそう。何時何分にこの席に座ると最高の夕陽が見える、みたいなサプライズをおれはよくするんだけど、向こうはそんなこと当然知らないから、平気で10分遅刻してきて、全部台無しになったり。

ゆうこす うわー。でも私も計画する側なんで、めっちゃ分かります。

三浦　ぶっちゃけイライラするんだけど、そのイライラがいちばんダメ。

ゆうこす　ダメなんだ。

三浦　**サプライズってのは、自分が楽しんでる、楽しませてもらってるくらいのつもりでできないなら、やらないほうがいいんだよ。**プレゼントだって、もらうよりあげるほうが楽しいじゃない。だいたい、サプライズなんて3回に1回は失敗するんだから、失敗したことすら「ライフ・イズ・コンテンツ」にしなきゃ。来年の今頃に「去年はサプライズ失敗しておもしろかったね。はっはっはっ」って笑えるような心持ちでやらないと。

ゆうこす　そうかー。

三浦　気合いの入ったデートほど喧嘩になったりしない？

ゆうこす　なんで分かるんですか（笑）。そうです、なります。

三浦　相手に対する期待値が高いからだよ。恋愛も仕事もそうだけど、相手への思い入れに双方で差があると、だいたいうまくいかない。相手の誕生日の準備をするときって、準備する側がもうとてつもない準備をしているわけだよ。ゆうこすもおれも。でも相手はそれを分かってないから、そのとてつもない準備に見合うほどの準備ができてない。人間って驚く準備ができていないと驚けないからね。

ゆうこす　期待ほどは、返してくれない。

三浦　そうそう。「ここまでしてあげたのに、なんでこんな態度なの？」となる。

ゆうこす　なんか、かわいい話ですね（笑）。

ゆうこす

2012年にアイドルグループ「HKT48」を脱退後、タレント活動に挫折しニート生活を送るも、2016年に自己プロデュースを開始。「モテクリエイター」という新しい肩書きをつくり起業。現在はタレント、モデル、SNSアドバイザー、インフルエンサー、YouTuberとして活躍中。10～20代女性を中心に、自身のInstagramやYouTubeチャンネルで紹介するコスメなどが完売するといったその影響力は絶大であり、またライブ配信中に商品を販売する〝ライブコマース〟におけるパイオニア的存在。

めずらしく、広告の話。
―『ほぼ日刊イトイ新聞』対談より

「ほんとのことを言わないと苦しい」って分かった（三浦）

× 糸井重里

2020年6月、ウェブサイト『ほぼ日刊イトイ新聞』に、偉大なコピーライターであり、三浦自身も尊敬してやまない株式会社ほぼ日の糸井重里氏と三浦との対談が掲載された。

掲載時のタイトルは『めずらしく、広告の話。』。

本対談は、三浦のインタビュー記事を愛読していた『ほぼ日』編集部の田中氏（対談中に登場）の企画が発端となり、あえてテーマも決めずにおこなわれた。


世代も考え方も違いつつも、「広告」に真摯に向き合ってきたふたりが、広告をとりまく社会や世相、各々の会社についての本気の思いを語り合う貴重なものとなり、三浦にとっても忘れられない時間となった。

「自分のストーリーを生きる」ためのヒントはここにもたくさんある。

それを届けたく、『ほぼ日刊イトイ新聞』に掲載された内容を特別に全文収録する。

糸井重里《いといしげさと》

『ほぼ日刊イトイ新聞』主宰。コピーライターとして一世を風靡し、作詞や文筆、ゲーム制作など多岐にわたる分野で活躍。1998年にウェブサイト『ほぼ日刊イトイ新聞』を立ち上げ、サイト内には、インタビューやコラムなどバラエティ豊かなコンテンツが更新され、すべて無料で楽しめる。また、大ヒットとなった「ほぼ日手帳」とその関連グッズをはじめ、「カレーの恩返し」といった食品など、暮らし回りの商品の開発販売も行っている。

ハイタッチがしたい

メールひとつにブランドが生きている

三浦 はじめまして、三浦です。今日はお会いできてめちゃくちゃ嬉しくて。

糸井 よろしくお願いします。

田中（ほぼ日） 対談依頼のご連絡をさせていただいた『ほぼ日』の田中です。お受けいただき、ありがとうございました。

三浦 丁寧なご連絡をありがとうございました。すごく気分のいい連絡でした。

糸井 （冗談めかして）ええーっ？（笑）

田中 そんなに言っていただくと、申し訳ない感じです。

糸井 この対談は、田中が企画してはじまったことなんで、最初に田中が話したらどう？

田中 そうですね、こういうスタートは初めてでちょっと緊張しますけど。編集部の田中と申します。もともと僕が三浦さんのツイッターや『新R25』の記事などを読ませていただいていて、攻め気味のスタンスがすごくおもしろいなあ、と思っていたんです。そして、よく読んでいくと、一見かなり攻め気味に見えるけれど、実はけっこう慎重に、誠実な発信をしようとされている印象があったんですね。あと「仲間」や「友情」といったことが大好きな感じとか、分からないことは分からないと言う感じとか、「実はすごくいい人なんじゃないか」という気がして。

三浦 ありがとうございます。

田中 あと、ほぼ日ブックスの『調理場という戦場』をおすすめの本にあげていたりもして。それで「意外と『ほぼ日』に登場いただけたりしないかな？」と思ったんです。三浦さんがふだん対談されている方は『ほぼ日』には登場しないような方が多いし、糸井さんは糸井さんで、広告の世界の方との対談は、今、ほとんどされてない気がするんですけど。

三浦 僕、「ド広告」なんですよ（笑）。ほんとにもう。「あきれるくらい広告屋だな」ってよく言われるんです。

糸井 知ってる（笑）。

田中 そういった、会うイメージのないおふたりの対談が『ほぼ日』にあったら、自分が読みたいなと思って。三浦さんはちょうど『言語化力 言葉にできれば人生は変わる』という、言葉をテーマにした初の著書を出されると聞いたというのもあって。

糸井 それで企画したわけだね。

田中 そうなんです。だから今日は、僕がたいへん嬉しいです。

糸井 嬉しいんだからさ（笑）。

三浦 ありがとうございます。僕もすごく嬉しいです。いや、でもほんとに、今の話のようなメールをいただいて。これまでもらった対談依頼の中でも、特に嬉しかったです。

田中 いえ、ありがとうございました。

三浦 僕、プロレスラーでいうところのヒール（悪役）を意識してるところがちょっとあるんですね。ヒールって「実はいい奴」とか言われるじゃないですか。

糸井 そういう「役」だもんね。

三浦 そうなんですよ、蝶野正洋《ちょうのまさひろ》みたいな。そういう部分を言葉にしていただいたのが、すごく嬉しくて。あと感動したのが、田中さんのメールがそのまま『ほぼ日』の文体だったんです。**僕は企業のブランディングの専門家として、スタッフの方のメールひとつにまでブランドが生きてることに、けっこう感動してました。**

糸井 言うことないね。

田中 褒められすぎですね。

三浦 いえ。ほんとに。

糸井 特に教えてるわけじゃないんだけどね。博報堂のとき、社内のメールはそういう感じじゃなかったですか？

三浦 もっと淡々としてましたね。人数が多いからしょうがないんですけど。

糸井 会社ってそうですよね。

三浦 だけど理想的には会社って、そういったすみずみまで人格がいきわたってるべきだと思うし、うちの会社もそうしたいんです。『ほぼ日』は今、何人くらいですか？

糸井 アルバイトの人を入れなければ、１００人ぐらいかな。

三浦 うちが今年、30人になるんです。『GO』という名前の広告やPRを中心に新しいことをやる会社なんですけど。実は今日、嫌な発表をしたんです。博報堂時代にどうしても好きになれない制度があって、それが「休みをとらないと給料下げる」というものなんですけど。みんな仕事大好きなんで、強制的に「休めよ！」っていう。「イチローに素振りするなって言う奴いるかよ……」とか思ってたんですけど、今朝から弊社も導入しました（笑）。シブーい気持ちになりましたけどね。

糸井　30人いたら、そうですよね。言っても休まないから、ルールにするしかないんだよね。

三浦　そうなんです。だけど仕事はくるし、僕は僕で「これくらい稼げ」という言い方をしてしまうし。「ああ、おれがやってるのは会社なんだな」って、このところ痛感してます。

糸井　まあ、偽金《にせがね》づくりをしているわけじゃないから、そういうものかなって思うしかないよね。

先生と呼ばれる業者になりたくない

三浦　もともと僕自身、スタートアップとかテクノロジーとか、SNSとか、グ

ローバルがどうとか、アジェンダ、サステナビリティ……あらゆる変化のこの時代に、クリエイターの集まりは何をすべきか考えて、大きすぎる電通・博報堂ではできないような自分たちが良いと心から思う会社をやってみようと思って、独立したんです。それで、「おれたちがうまくいけばマネしたらいいじゃん、失敗したら笑ってくれ」って古巣に啖呵切って会社を辞めたんですけど、「意外に同じようなことしはじめたな」と思ってますね（笑）。だから僕、『ほぼ日』が糸井さんの思想のまま上場したことに、興味があるんです。「すごいなあ」と思って、今日は来ました。

糸井　よくやれましたよね。自分でもそう思います。

三浦　世界中で、クリエイターなのに、気がついたら企業やってる人って、きっとそんなに多くないじゃないですか。

糸井　もともとやりたかった人ならいたかもしれないけどね。僕はそういうつもりじゃなく生きてたんで。

三浦　しかも糸井さんがされてるのは、『ほぼ日』というチームですよね。偉大な先輩方だと、秋元康《あきもとやすし》さんとか、佐藤可士和《かしわ》さんとか、みなさん「天才」として、個体で存在されてますよね。

僕がよく口にする言葉に「天才は一人で市場の1000倍の金を稼ぐからすごい。だけど革命家は市場にいる人全員の稼ぎを10倍にする」。というものがあるんです。僕は自分が天才じゃないんで、自然と後者の道を考えるようになったんですけど、糸井さんって天才の道も選べたのに、こっちの道を選んでるのが、すげーなって。

糸井　言葉の圧がすごい（笑）。今の「天才」という言葉は、「フリー」ってことだと思うんだけど。僕はフリーの道って結局、「自分が頂点に立って、自分の手足みたいなものを増やしていく」しかない気がしたんです、40代はじめぐらいの頃に。そして、ひとつハッキリ言えたのが、自分がこの先、一人でやっていったら、どこかで「先生と呼ばれる業者になる」のが目に見えてたんです。

三浦 先生と呼ばれる業者。

糸井 そう、そのかたちでも、楽しめてやれるならいいと思うんだけど、自分はそういうことをしたくてやってきたわけじゃないから。僕の場合は「誰からも止められない」とか、「理に適《かな》ってないけどやりたいことをやる」みたいなことが残ってないと、仕事がおもしろく思えないんで。

三浦 ああ。

糸井 もちろんフリーでも、小さい規模であれば、無理せずにやりたいことをやれると思うんです。一人でやるマラソンランナーみたいな仕事なら、それはあるんだけど。だけど、野球とかサッカーとか、やりたいじゃないですか。

三浦 分かります、なんでですかね。そのほうがやっぱり、やってるとき楽しいですね。

糸井 「おまえがいたからだよ」のほうが、「俺すごいだろ」より、嬉しさがあるん

ですよね。

三浦 「ハイタッチしたい」みたいな気持ち、あります。

糸井 ありますよね。だから僕はあるときから、「ちっちゃくてもいいから、チームプレーで仕事をしていく」と変えたんです。チームならお互いに助け合えるし、「一人じゃ突破できない限界も、チームでエンジン回していけばできるかもね」と思うようになって。

三浦 はいはいはい。

糸井 重要なのは**「自分がいつでもやりたいことを、ちゃんと持ってる人でありたかった」**という部分なんです。その結果としての、今なんです。

三浦 でも、そうしていったら100人ですもんね。ここまで大きくなるって、何がきっかけですか？

糸井 他に道はなかったからですよ。「他の道をとってたら」の先に、ちょっと哀れな自分が見えるわけです。「それは絶対になりたくないな」と思うから。

三浦 つまり糸井さんは「いちばんしんどいけど、いちばんカッコいい道」を選んだってことですか？

糸井　**しんどくもないし、カッコよくもないよ。カッコ悪くないほうを選んでるだけで。**

三浦　糸井さん、おそらく「生きろ。」（『もののけ姫』のキャッチコピー）って100回書けば、大富豪になってたはずなのに（笑）。

糸井　どうでしょうかね。実際には100回書いても、たかが知れてますよね。

三浦　まあ、そうですね（笑）。

糸井　しかもそれだと、それだけしか生まないんです。ほんとは「生きろ。」がコロコロコロコロ転がって、「いろんな人がその映画を見ました」とかのほうが、嬉しいじゃないですか。『トトロ』って実は、出たばかりのときは大ヒットしてないんですよ。だけど、いつまでたっても子どもが生まれるとみんなが見ますよね。それが生み出したものって、お金じゃなく、ものすごいものですよね。それってもう、稼ぎとか以上にずっとおもしろいじゃないですか。

三浦　そうですね、分かります。

花火の思い出は永遠

表現は「愛され方」が足りない人がするもの

三浦　僕、今36歳（取材時）なんですけど、博報堂で10年働いて、辞めて3年たつんです。ただ、ほんとに広告が好きで、自分は広告しかできないと思ってるんですね。漫画をつくったり、洋服のブランドをつくったりとか、新しいアプローチをすることも多いので、「三浦のやってることは広告じゃない」と言われることもあります。でも僕としては、ぜんぶ広告のつもりでやってるんです。それで、今日すごく聞きたかったのが、糸井さんが「広告をやりきった」と思って、事業にレバーを切り換えたときって、どんな気持ちだったんでしょうか、ってことなんです。

糸井　「広告って何を意味してるのかな？」って考えたんじゃないですかね。つまり「広告が大好きです」って人はけっこういるんだけど、それは、広告の技法とかを考えることが好きなんだと思うんです。世間に大きな展示ボードがあるわけです。昔だと「4大メディア」とかだったんだけど。

三浦　昔だったらそうですね。テレビ、新聞、雑誌、ラジオ。

糸井　うん、テレビＣＭがあったり、新聞広告があったり。ポスターは制限が少ないように見えるから、「ここなら思いっきりやれるんだよ」ってものが集まったり。みんな、その展示ボードを使って、表現をしたかったり、自分の発想をぶつけてみたかったりするわけです。

三浦　はい。

糸井　野球の外野手が、フェンスをよじのぼってホームランをとる練習をしますよね。それって、主義主張があるんじゃなくて「フェンスよじのぼってホームランとるって、いいよね」ってことですよね。スカッと気持ちいいことをしたいという。

三浦　**圧倒的な何かを見せつけたい気持ち。**

糸井　うん。わりとそういう人が、広告屋になるんだと思うんです。

三浦　ただ「何かを見せつけたい」って思ってるうちは、見せつけられなかったりしませんか？　僕はそこが広告のおもしろいところだとも思ってて。広告つくりって、最初は野心とかちょっと下品な欲みたいなものからはじまるけれど、一回そこを捨てて、「ぜんぶお客さんのため」みたいな虚心坦懐《きょしんたんかい》になって初めて、結果として自分の野心や下品さを満たせるプロセスがあると、僕は勝手に思ってるんですけど。

糸井 うーん、**野心や下品さというより、「歌いたい」んじゃない？** 僕はそんな気がしますね。「カラオケの順番を俺にくれ」みたいな。次の曲をじっと探している人が、自分のほうを向いて「おおー！」と拍手するのを見たいという。いわば「愛されたい」んじゃないの？ そこで「愛される機会をもっとどんどん増やそう」って思ったら、野心になる。

三浦 僕、博報堂にいる間ずっと、「三浦は殺気を消したらもっと良くなる」って言われてたんです。だけど結局消せないまま、今に至《いた》ってて。

糸井 そこはたぶん、若い人全員が思う「自分はまだ認められてないんじゃないか」ってことじゃないかなあ。おおもとの愛され方の問題じゃないですかね。「表現」って、それまでのところで愛され方がちょっと足りなかった人がやるんじゃないの？ 僕なんかはそう思うけどね。

三浦 ああー。

糸井 満ち足りた時代を過ごした人特有の上品さってあるじゃないですか。そういう人って、お化粧が下手であろうが、ファッションセンスがひとつダサかろうが、べつにいいんだよね。

三浦　ニコニコしてられますよね。

糸井　だけど、そうならずに「表現をしなきゃ気持ちがおさまらない」というのは、赤ん坊が泣き叫ぶようなところがあると思うんです。**「表現」って、上品なことじゃないんで。品のいいことじゃないけど、なかなか抜けられない。そういうものだと思いますね。**

三浦　やってて楽しいですもんね。

糸井　うん、みんなが「そういうゲーム」としてやってる時代には、勝ったり負けたりもあって、純粋におもしろくやれるんだと思うんですけど。

広告も花火も誰かの心に残るもの

三浦　でも糸井さんが広告の世界にいたときって、めっちゃ勝ってたわけですよね。それはどこかで「人の金でやることじゃないな」と思ったってことですか？

糸井　「人の金」とか「人の金じゃない」とかは実はなんにも思ってなかったで

す。結局、現場を動かすのって金じゃないから。金という要素はありますよ。だけど、たとえばタレントさんがいて「本人が嫌だって言ってます」というときには「いくら積めば出ますか?」という話にはならないじゃないですか。むしろ、自分やみんなが、「やりたいと思えるかどうか」。商店街の小さな祭もあれば、ねぶたみたいな大きな祭もあるけど、規模にかかわらず、そのつど嬉しさがあるわけです。

三浦　ええ、ええ。

糸井　そして**「こういうことやらない?」って声をかけて、みんなで何かをやるのって、自分が主人公かどうかとか、お金がどこから出ていようが関係なく、みんなで野球をやるような嬉しさがあるんです。**「こうなるといいよね、おもしろいよね」っていう、夢というよりはビジョンに近い。「誰もやったことないだろうな」も気持ちいいし。そして、実際やっていくとなると、何が起こるか、どう転がっていくか、どんな野次が来るかとかも想像しますけど、そのぜんぶが自分の環境になるんです。そんなふうに自分の環境を拡げたり、そこにあるものを丁寧に撫でてみたりしたくて、みんながやってるような気がするんですよ。

三浦　たしかに広告をつくるとき**「お客さんの視点」も「ユーザーの視点」も、「世**

の中からどう見えるかの視点」も必要だし、そのいろんな視点を想像しながら自分の中に取り込むのがおもしろくてやってる部分、あります。

糸井 あと広告をつくるのって、花火師みたいなものじゃないかな、とも思うんですよ。長岡の花火大会ですっごくでっかい花火が上がったら、みんなの胸にドーンときますよね。あれ、ぜんぶ提供スポンサーがいるわけです。「次はなんとか鉄工所〜」とか言いながらやるわけで。そこで、お客さんが「良かったー」「来て良かったね」って言ってくれるかどうかが大事みたいな。昔から、広告と花火って、すごく近いなあと思うんです。その思い出は、永遠じゃない？

三浦 そうですね、そう。消えますけどね。消えものだけど、その時代その時代の刹那だからこそ、ある意味、歴史的な価値があるというか。「2020年の正月に出た広告」というのは、やっぱり「2020年の正月にしか出なかった広告」ですからね。……ってことは逆にいうと、2100年になっても「2020年のもの」として永遠に残る。

糸井 そうですね。

三浦 広告の仕事のそういったところが僕にはすごく誇らしく、「今っぽいもの」

「今しか効かないもの」になるように考えながら毎回つくるようにしているんですけど。「今しか効かないものをつくったら、結果、誰かの心にはずっと残るだろう」とか思ってて。極端な話、ほんとにみんなの心に残るようなものをつくれたら、MoMA（ニューヨーク近代美術館）に展示されるようなことだってあると思うんです。

頼む側として考えろ

ひっきりなしに問題を突きつけられている

糸井　ただ、今三浦さんが口にした「広告の歴史的な価値」みたいな話って、僕らがやってたときは、そんなに考える必要がなかった気がするんですよね。三浦さんとかの時代の人たちは、「広告ってなんだろう？」とか「社会にどんな関係がつくれるだろう？」とか、そのあたりを考えざるを得ないから、一所懸命考えつつ、やってる気がするんですけど。

三浦 そうですよねえ。僕、クリエイターの世代論って苦手だったんですけど、あるんですよね。

糸井 あるよ、やっぱり。環境の種類が違うんだもん。今は「明日誰かが噂をしてる」ってだけで、状況が変わるわけだから。そんなのがあるのとないのとでは大違いですよ。

三浦 糸井さんって、今おいくつですか?

糸井 今、71(取材時)です。

三浦 秋元康さんが62歳で、見城徹《けんじょうとおる》さんが69歳。60代、70代の人って、いちばん元気ですよね。

糸井 いや、それは分かんないよ。

三浦 いや、自分でも思うんですけど、僕らって理屈っぽいんですよ。「未来はどんな状況になるか」「明日どんな噂が巻き起こるか」といったことをつねにすごく気にしてますし、「オーストラリアでは火事が起きてるし、地球の気温は上がってるし、少女が革命を起こそうとしている」みたいなことを、ものすごく考えながらつくっちゃうんです。だけどオーバーエイジ枠の先輩方って、ある意味、そのあたりをいったん脇に置いてつくれるというか。ほんとに好きなものをつくることへの抵抗がない感じがします。

糸井　いやいやいや、考えてないわけじゃないんだけど。

三浦　もちろん、もちろん。

糸井　ただ、**今はどこか、自分にはどうしようもできない話まで答案用紙が配られてるようなところがありますよね。**いつでも全員に対して「この問題、君はどう思いますか?」って。

三浦　ひっきりなしに問いかけられますよね。

糸井　それで「正解は3番です」「いや2番です」「ブー、違います」「そこまでしか考えてないのか」とかって、つねに問われている気がして。昔はその答案用紙って、それぞれが自分で無理やりつくってた気がするんです。でも今は、いろんな人やメディアがどんどん配りますよね。ある意味、全員が試験地獄の中にいるような……。

三浦　そうなんですよね。「これ答える必要あるのかな?」と思うこと、ありますね。「ここは議論を戦わせなくてもいいだろう」ということも当然ありますし。

糸井　そうですよね。

三浦　ただ僕は、自分が言葉に対してそれなりに時間を割いてきた人間として、いい答案をつくりたい気持ちがあるんです。「問題作成者が思う以上の答えを出してみたい」とも思うし。だから「しっかり答えなきゃ」という気持ちと、「なんで毎回こんなことに……バカヤロー！（笑）」って気持ちと、両方あります。

お願いしたほうが健全な仕事が残る

糸井　別の話になるかもしれないけど、僕は『ほぼ日』に移行するとき、「頼まれる仕事をぜんぶ、自分から頼む仕事にしよう」と決めたんです。それが自分にとってはひとつの転換点だったと思うんだけど。

三浦　あ、おもしろいですね。

糸井　頼まれごとって、基本的に「相手が得すること」なんです。それはキャンディのメーカーでも、電話会社でも同じ。相手が、相手にとっての「こうなるといいな」を頼むわけですよね。

三浦　そうですね。

糸井　そのとき相手がどうして僕のところに来るかというと、「この人なら答えを出せるかもしれない」と思って来てくれるわけです。ありがたいことだと思うし、売れっ子芸者って、自慢ですから。だから若いうちはみんな、それを誇りにしてヒラヒラ踊ってるわけです。声をかけられることを「それだけ要請されてる」みたいに感じて、「どっちが忙しいか」とか無意識の自慢をし合ったりして。

三浦　声をかけられるって、気分がいいですもんね。

糸井　でも、頼まれ仕事って、ぜんぶがぜんぶ、自分がやりたくてやるようなことではないわけです。基本は「相手が得すること」ですから。だからこれを逆に「自分が頼むとしたら?」という視点で考えてみるといいなと思ったわけです。

三浦　はいはいはい。

糸井　たとえば野球をやるとき、ピッチャーやキャッチャーに「おまえに来てほしいんだよ」と頼むのは、「自分が得すること」ですよね。そういう自分がお願いしたことって、逃げられないじゃないですか。そして、お願いしたぶん、精いっぱいやらないと失礼じゃないですか。

三浦　そうですね。

糸井　だから、ぜんぶの頼まれ話を「自分が頼むこと」に変換してみると、考えやすくなるんです。依頼されたとき、自分が「お願いしてでもやりたい」と思えることだけやって、思えないことはやらない。そうやると、健全な仕事だけ残るんです。

三浦　あぁー。そうか。

その仕事には「俺」がかかっているのか

糸井　だから、この三浦さんの本（『言語化力　言葉にできれば人生は変わる』）も、「本を出しませんか？」と声をかけてきたSBクリエイティブの方は、出すことで得があったわけです。だから依頼があった。でもそれ、逆に考えてみたらどうだろう？「自分はこういう本がつくりたいけど、SBクリエイティブさん、お願いできますか」って問題を置き換えて考えてみる。そんなふうに、**「頼まれたらぜんぶ嬉しい」じゃなくて、ぜんぶこちらからのお願いに転換して考えてみると、やるべきかどうかが分かる。**

三浦　実はこの本、まさにそういう経緯でできているんです。SBクリエイティブさんから「本出しませんか」と話があったときに、僕のほうから、「こういう企画ならやりたいです」と話させていただいて、このかたちになったんです。

糸井　そのかたちだと、うまくいきやすいよね。

三浦　あと僕、今の糸井さんの言葉にすごいヤラれてて。今の話って、論理的には、よく言われる「仕事はオーナーシップが大事だ」という話と同じだと思うんです。だけど、糸井さんの「頼まれた仕事をぜんぶ頼む仕事に換えてみよう」という言い方だと、言葉を手づかみにできますよね。「そうすれば、自分も相手も本気になるし、お互いもっと得だ」っていう。今、手づかみにできる言い方に換えてましたね。

糸井　それは、変換してるんじゃなくて、違うところから持ってきてるんです。「仕事はオーナーシップが大事だ」という言葉って、僕は今初めて聞いたけど、その言い方だと、「どっちでもいいけどそっちがいい」みたいな話じゃない？　僕は自分のこととして、「断るかやるかしかない」という話だから、そこに「俺」がかかってるんです。

三浦　たしかにそうですね。そこに「俺」がいるかどうか。

糸井　方針のようなものとしての「行動はイニシアチブをとってやるべきだ」には、「俺」がいないんです。評論家のスタンスというか。僕のは監督的な発想なんですね。そうやって得た言葉って、自分の中から出てきたものだから、ちゃんと説明もできるし、あとでそんなに考えが変にずれたりもしないんです。

ほんとのこと言いたい

表現の最上は「うまいことだけど、ほんとのこと」

三浦　『インターネット的』とか、糸井さんの本を読ませていただいて毎回思うことなんですけど、糸井さんっていつもほんとのことを言いますよね。いつからそうなったんですか？

糸井 いつからかは分からないけど、**「ほんとのことを言わないと苦しい」って分かったからじゃない？**

三浦 僕、以前、感動したことがあって。前に博報堂でコピーライティングの研修を受けたことがあるんですね。そのときの課題が「東京タワーのコピーを書こう」だったんですけど、模範解答が糸井さんの『話すために昇る』だったんですよ。これって、超ほんとのことじゃないですか。もっとキレイな言葉とか、カッコいい言葉とか、いくらでも言えるのに。そして糸井さんの本も、ほんとのことしか書いてない。すごいことだと思うんです。

糸井 「ほんとじゃないことを聞いたときに、不快感がある」ってことですよね。

三浦 「ウソだろ」とか「何言ってんだ」とか。

糸井 「おまえ、またそういう調子にのる」とかね。広告の初心者の失敗って、ぜんぶそれですよね。

三浦 「うまいことを言うんじゃなくて、ほんとのことを言うのが良きクリエイターである」ということに人はいつか気づくんですけど、難しいですね。

糸井　もうひとつ付け加えると、**表現には「うまいことだけど、ほんとのこと」もありますよね。**それこそシェイクスピアとか、「そんなもってまわった言い方しなくたって」ってくらいの、うまいことだらけですよ。だけどそれは絵筆を持ったり、ピアノを弾いて作曲をしたりする人たちが、やってることと同じなんです。「愛してます」という思いをただ「愛してまーす」と言っても、それだけで終わってしまう。「愛してます」が揮発しちゃうわけです。練ったりこねたりしながら、ほんとのことを言うときもあるんですよね。**何種類かある最上は、「うまい」と「ほんと」が交じってるものなんじゃないかな。そしてその次が「ほんとのことを言うこと」だと思いますね。**

三浦　そうですね、そうですね。

ほんとのことには覚悟がある

糸井　あと、ほんとのことって「これを言ったときにどうなるか」もセットでついてくるんです。「俺がなんとかするから言わせて」もあるし、「言ったら誰かが傷つくぞ」も「傷つけると知ってるけど言う」もある。その状況に対して「自分はどういう心を持とう」「行動しよう」「次の言葉を選ぼう」とかもあって、終わらずに続きますよね。そういう覚悟がいるんですよ。

三浦　ほんとのことを言うと、決定的に場面が変わりますよね。

糸井　そういう場合もありますね。ただ、三浦さんがよく言う「人脈なんてクソだ」という言葉があるじゃないですか。僕もまったく同じことを思うんです。これを言ったときに「いいぞ、いいぞ」と言う人もいるし、「何言ってんだ、おまえだって人脈に支えられてるだろ」とか、「おれのどこがくだらないんだ」って言う人とか、いろいろいますよね。でも三浦さんは、人を操作する道具に聞こえるときの「人脈」が嫌いなのであって、「人と人が友達だったから助けてくれた」は逆に大好きなんです。そっちの大好きを守りたいから、大嫌いなほうをつぶしたかったんですよね。

三浦　はい、まさに。

糸井　……って、そこまで言えるから、言ってるわけですよね。そういう準備がで

きてるときのほうが、ほんとのことを言えるんじゃない？　準備ができてないまま
ほんとのことを言うのは、子どもなんで。

三浦　そのあとの展開とか、決定的に変わってしまった状況をどうマネジメントできるかの意識がないと、ほんとのことって言えないですもんね。

糸井　そうそう。だから「反対意見はありませんか？」って状況で口にされる「反対意見のための反対意見」って、胸を打たないんです。覚悟をともなわないから。だけど、「こいつ、いざというときは、穴があいちゃったダムに自分が指突っ込むつもりがあるな」って言葉なら聞けます。だから、誰が言うかはけっこう……。

三浦　大事ですよねえ。

糸井　うん。

広告は空間から時間に

三浦　広告って昔だと、「キャッチコピーでほんとのことを言って、ボディコピーで補足する」という形式がわりとありましたよね（ボディコピー――ポスターなど

でキャッチコピーとは別につけられる、説明をするような役割の文章）。その場合は「人脈なんてクソだ」って大きく掲げたあとに、「でも、全部がクソだってわけじゃなくてね……」というボディコピーがはじまると思うんですけど。

糸井　そうですね。

三浦　ただ、今の広告の場合は、そのコンテンツ単体で完結してなくて、そのあとのSNSでの議論とか、メディアでのインタビューを通じて、メインとなる主張に対して「ボディコピー的に補足していく」手間が必要だと思ってて。そうやって丁寧に補足していかないと事態が悪化する、複雑な状況という気はします。

糸井　なるほどね。今はそれをやるから面倒なんだね。

三浦　だから今は、僕みたいに広告自体もつくるし、メディアとの関係をつくる、いわゆる「PR」も両方やる奴のほうが、うまくいくことが多いのかもなと思いました。

糸井　そういうことを思うと、三浦さんがそういう必然性をもって自分の会社をつくってるのがよく分かりますね。表現のボードが「4大メディア」とかに限られなくなって、クリエイティブ・ディレクションの範囲や分量や地域が、大きく拡がったわけだから。

三浦　そうですね。「空間から時間になった」感じがします。つくっただけで終わりじゃなくて、「出したあとにどう状況が転がっていくか」を時間軸で考えてクリエイティブ・ディレクションしないと、うまく届かないんです。クライアントも幸せにならないし、生活者も誤解しちゃうっていう。今、急に「空間から時間になったんだな」って思いました。

糸井　そうですね、時間もある。そこは両方残ってるんじゃないかな。「空間」ってつまり、以前はメディアが、動かせない不動産のようなものだったわけですよね。それこそテレビのコマーシャルなどは「画面という枠があってその時間を使う」というもので。その状況下で何をするかは、料理でいえば、「お皿が決まってた」ようなものだと思うんです。でも今は、お皿を使う必要がないかもしれない。つくった料理を「みんな手を出して」と言ってそれぞれの手にのせるかもしれないし、できたものを見せて、匂いをかがせて終わりかもしれないし、あるいはつくったという話を言うだけで終わりかもしれない。そういった、お皿を使わない方法まで使うことができるから、クリエイティブ・ディレクション以上に、「発想そのもの」が求められてる時代になってますよね。

三浦　あ、そうですね。

糸井　三浦さんのこの本を読んで、そういうことばかりが書かれてたんで、僕は「そういう時代が来たんだな」と思いました。そこでお金をどう稼ぐかについてはまだ答えが見えてないんだけど、代理店としても「そこをやらないとダメだよな」って思うようになってるというか。

三浦　だから僕、会社のメンバーがこれまでのやり方を変えるつもりなくやってるときには、「手持ちの道具で片付けようとするなよ」とか思うんですよ。「おまえのセンスとか人格とか思考とか構え方がいいから採用してるんだけど、前の職場でのこれまでの時代の広告のスキルだけでどうにかしようとするなよ」みたいなことは、やっぱりありますね。

糸井　それはそうですよね。慣れた方法のままじゃダメで。で、新しいやり方って、お金のとりようがなかったり、仲間を説得しようがない場合もあるんだけど、たぶんまずは、そこまで含めて、ハズレをいっぱいつくっていかないといけないのかなと。

三浦　つまり「たくさん失敗する」とか。

糸井　そういうことですね。「これはおもしろいけどお金にならないよ」とか、「少しの人しか集まらないけど、その少しの人たちから『あのときにあれがあったね』って言われてあとで拡がるよ」とか、そういう例がたくさん増えていって初めて、時代に合ったやり方がみんなに見えてくるような気はします。

本を売るための方法

ずーっと何かに怯えている

三浦　今、僕、出したばかりの自分の本（『言語化力 言葉にできれば人生は変わる』）を売りたくて必死なんです。売れなかったら恥ずかしいなと思って。だから、めちゃめちゃいろんな人に会いに行くし、トークイベントにもどんどん出るし。これまでだったら恥ずかしくて言えなかったんですけど、テレビのディレクターの方に会ったら、自分から「出してください！」とか言うようになったんですよ。

糸井 意気込みはすごいけど、それ、本はちょっと別じゃないかなあ……。

三浦 そうですか。

糸井 本って特殊だと思うんです。もともと読む習慣がなかった人が本を買うのって、そうとう難しいんですよね。**本がものすごく売れるのって「そこを乗り越えられて」「なおかつ事件化する」という2つがないと、難しい気がするんです。**しかも、その2つがけっこう矛盾するんですよ。だから本については、自分が出したかったものを出せればそれで済んでるんじゃないかな……。僕はそう思いますね。売ってみせなくてもいいんじゃないかなあ。

三浦 僕、もうほんとに臆病で、ずーっと何かに怯えてて。本が売れなかったら恥ずかしいなと思うし、担当した商品が売れなかったらつらいし、会社もうまくいかなかったらヤバいなと思うし。

糸井 いや、思いますよ、そりゃ（笑）。みんなそう思ってると思うよ。僕だってそうですよ。

三浦 思いますか。糸井さんとか思わないんじゃないですか？

糸井 いや、思わずにできることなんて何もないですよ。ただ、意識的にそれを思わないようにもっていくべきだよね。「ダメになるはずがない」って思ったほうがフルスイングできるから。心配しすぎていると、できないわけで。

三浦 そうですね。「自分がやってることが正しい」とか、「勝てる」と思ってるときのほうが話も手足も伸びがいいですね。

糸井 全然違いますよね。

三浦 ただ僕、自分が本好きなんで、「自分の本が世界最高の本ではない」ってことが分かってるんです。これはけっこう、苦しいものがありますね。似たような時間で読める、似たような棚に並ぶ本よりは、いい本にできたと思うんですけど「世界最高の本ではない」という自覚の中、頑張ってますね。

糸井 「世界最高の本」って、iPhoneをつくった人の話とかならみんな読みたがりますよね。そういうスケールの話だと思うんです。

三浦 つまり結局、「おまえは誰なんだ」「おまえが何をしてきたんだ」に立ち返らざるを得ないというか。

糸井 うん。そこと並行してるものだから、もしそんなに売れたとしたら、何か別の要素もあったんだと思うよ。難しいんですよ、本って。他のものとは全然違う気がするんですよね。

三浦 ええ。

糸井 ファッションに近い気もするんです。良さをきちんと説明できるからといって買うわけじゃないし、「誰が着てたから」みたいなところもあるし、勢いにもすごく影響されるし。Ａの店で買うか、Ｂの店で買うかなんて、もう説明のしようがなくて。だからやっぱり本だけの力というよりは、三浦さん自体が売れていくことと並行していくんじゃないかと思いますね。

三浦 つまり「歌は世につれ世は歌につれ」じゃないですけど。僕がもうちょっと注目されるって言ったらあれですけど、「おまえ自身がどうなんだ」ってことですよね。

糸井 うん、僕はそう思いますね。

会社なんて「思いどおり」にいくわけない

三浦 でも、ほぼ日手帳って、めっちゃ売れてるじゃないですか。やっぱりそこだと思ってて。ヒット商品があるからこその、糸井さんや『ほぼ日』の説得力ってあると思うんです。

糸井 いや、ほんとにうちはもう、すごく下手だと思います。「泥棒を捕まえてから縄をなう」みたいなことばっかりを繰り返してきた会社ですから。

三浦 いや、そんなことは……そうですか？

糸井 「計画性」という部分が、ものすごく薄いんです。おもしろそうだから、という理由で一部に力をすごく注いじゃったりするし。やっていることに喜んでくれている人がいる、という感覚はあるんですけど。うまくいっているように見えている部分も、「完璧に計算どおりにいきました」みたいなことは、全然ないと思います。

三浦 でも、もしかしたら会社ってみんなそうなのかもしれないですね。

糸井 ほんとはそうなのかもね。「こういうつもりで」と思ってやったことはうまくいかないんだけど、たまたま違うところでヒョイと門が開いたりとか。

三浦 今、いろんな大企業の社長とかも、もしかしたらそういうことを言ってるかもしれないなと思いました。

糸井 単純に、ユニクロの柳井さんは「1勝9敗」とか言ってますよね。

三浦　言ってますねえ、そうですね。

糸井　あれ、言いたくてしょうがないんだと思うんですよ。ほんとのことだから言ってるんじゃない？　やっぱりみんな、ほんとのことを言いたいんだと思うよ。

三浦　自分のことさえ思いどおりにできない人間が、いろんな人を集めてやるのが会社だから、思いどおりになるわけないんでしょうね。だから、僕からしたら『ほぼ日』はすべてうまくいってるように見えるけど、やってる糸井さんからしたらそうじゃないんでしょうし。糸井さんから見たら、他の会社もうまくいってるように見えるけど……。

糸井　それはそれで「悩ましい」とかね。

三浦　みんな思ってるんでしょうねえ。

糸井　と思うけど。あと、周りは「どうなの？」とかけっこう言うじゃないですか。たとえば車屋さんなら車屋さんで、お客さんたちは「ええー！　この車どうなの？」とか自由に言いますよね。そういう環境がありながら、みんなそれぞれ自分たちの専門の仕事をやってるわけだから、そこをかいくぐりながらやってる人たちは偉いよね。

三浦　ということは糸井さんでさえ、コピーを書くときは「どうなの？」という目にさらされて、不安になりながらやってきたということですか？

糸井　僕はコピーは無自覚だから、あまりドキドキはしないんです。「絶対できる」と思ってやってたから。それはどうしてなんだろう。

三浦　「ほんとのことだけ言う」って決めてたからですか？

糸井　植物を育てる人って、育てるときに「枯れる」とは思わないじゃないですか。球根がちょっと時期外れであろうが、「難しいかもね」とか言いながら、絶対花が咲くと思って手入れしますよね。それと似てるんじゃないのかな。ダメになる可能性もなくはないけど、それはそれで「どうダメだったか」を考え直してきちんと対応すれば、取り返しがつくと思うんだよ。コピーを書くって、たぶんその程度のことなんです。クリエイティブ・ディレクションも含めて。「これがもしぜんぶダメになったら」とかも、考えないはずはないけど、「そうなったらこういう二の矢三の矢があるな」とは思いますよね。

三浦　そういう意味では、気楽な仕事ではありますね。

糸井　サドンデスですからね。「取り返しがつかない」には、なかなかならないで

すよね。もっとつまらないミスのほうが取り返しがつかない気がします。「値段を間違った」とか。そっちのほうが痛いですよね。

三浦　「仕入れが間に合わなかった」みたいなことにはならないですからね、僕らの仕事。

糸井　仕入れも大丈夫だったりしますね。うち、たまに間に合わないことがあったりするけど（笑）。それはそれでなんとかしたりね。

三浦　やっぱりみんな、うまくいかないこともありつつ、それぞれなりに、やってるんですね。

糸井　そうだよ。そんなにうまくいくもんじゃないよ。だから「運良く」。……「運良く」って（笑）。

三浦　糸井さんは、運、いいですか？

糸井 運っていう目で見たら、いいんじゃないかな。「ちょうど来たよ」ばっかりだから。実はもうすぐ引っ越すんですけど、「このあたりに行こうかな」と思ってたら、まさにちょうどいい場所があったんですよ。神田なんですけど。

三浦 あ、神田ですか。どうしてですか？

糸井 ちゃんと人がいて、商いをしてる町だから。本の町だし、楽器の町だし、食べ物の町だし。いいことばっかりだなと思って。少なくとも、お昼の選択肢が増えて楽しくなるし。

三浦 いいですね。こんなこと言うのもなんですけど、青山ってクリエイティブの会社が多いじゃないですか。僕、自分が青山にオフィスを構えるのがぜったい嫌だったんです（笑）。

糸井 そうなんだ（笑）。

三浦 六本木にこだわったんですよ。ちょっと下品な感じがするとか、血と金のニオイがする場所に構えたくて。

糸井 「ギャング映画」みたいになりたかった？

三浦 はい（笑）。「ギャング感」「マフィア感」意識してますね。大好きで。

ギャング映画みたいに

港町みたいな会社

糸井　三浦さんが、自分の会社に対して「大丈夫」と思えている根拠はなんですか？

三浦　たぶん僕は、自分の立場が中立だからだと思うんです。

糸井　中立。

三浦　糸井さんが広告をされていたときもきっとそうだと思うんですけど、今のうちの会社、最先端のスタートアップから大きい会社から、さまざまな方が、ものすごく真剣な相談をしに来てくれているんです。真剣な相談って、やっぱりその中に「ほんとのこと」があるんです。そして当然、A社の悩みはB社の解答だったりすることがたくさんあるんです。A社にとっては悩みだが、B社にとっての答えだし、C社のヒントだったりする。そういうこととかが今、僕らの会社に集まってるので。だから、いろんな業態の会社と一斉にやりとりして、そのすべてと真剣にやり合うことで、バランスをとれている感じがします。これで「GOはA社のいうことをぜんぶ聞きます」と言った瞬間、すべてがガラガラっと崩れちゃうというか。

糸井 港町みたいなものですかね。

三浦 ああ、そうかもしれないです。

糸井 神戸とか、昔の堺とか。「ギャング感」を交えて言うなら、自動車を荷揚げする人もいれば、麻薬を持ってくる人もいれば、そこで両方が出会う機会もあるし、みたいな。

三浦 そうですね（笑）。僕らのGOは、広告会社でありPR会社でありマーケティング会社なんですけど、本質的には「変化と挑戦を支援します」とだけ言っているので、「変わりたい」という人しか来ないんです。「べつに変わりたくないんです」というクライアントさんには、「それなら大手の広告代理店がいいですよ」と紹介もしますし。そのあたりをすごく見極めるようにしています。だから今、僕があちこちのメディアに出させてもらったりしてますけど、もしそれを見て「注目されてそうだからここに頼んどこう」みたいにやってくる人がいたら、「あ、そういう感じでもないんですよね」って返すと思います。「本気で変えたいですか？」

は、いつでも問うようにしていて、つねにそういう人たちと一緒にやるようにしていて。そして今、そういう本気の積み荷がたくさんそろってきてるんで、ギャング映画っぽく言えば「じゃあ、阿片いります？」とか（笑）、「これ、たまたまちょっと残ってるんですけど、持って帰ります？」みたいなことができてる気がしますね。

糸井　実は僕、ちょうどここのところ、ずーっとギャング映画に凝ってるんです。おもしろくて。

三浦　あ、ギャング映画（笑）。そうですか。

糸井　久しぶりに見るきっかけになったのが、Ｎｅｔｆｌｉｘでやってる『ピーキー・ブラインダーズ』っていうイギリスのギャングドラマのシリーズなんです。２０１３年ぐらいからやってて、もう第５シーズンまできてるんですけど、おもしろいんですよ。みんなおしゃれな服着てるけど、地面が舗装されてないから泥だらけなんです。そこでロマ出身のギャングたちがどうのし上がっていくか。そういう話ですね。殺す、殺される。暴力をふるう、ふるわない……。そういうことをぜんぶ含みながら、ギャングたちが、なんとか生き延びる方法を考えてるわけです。それって、ある枠の中で「この問題をどう解く？」って言われてるのとは違って、「うわー、追い詰められた。もうダメだ！」ってことだらけで。そのときギャングたちが、人殺しまで含めて答えを模索して生き残っていくんですけど、その「なんでもあり」の感じにすごく刺激を受けるんです。

三浦　「何をしてもいいんだったら、あんた、どうすんだ？」っていう。

なんでもありな世界で暴れたい

糸井　そう。昔『仁義なき戦い』を観たときもそうだったんですけど、それをもっとしつこくやってる感じで、おもしろいなあと思って。「なんでもありだったら、どうすんの？」って、もともと人間はそういうものだったはずなんです。だけど、いつのまにかすべてが科挙《かきょ》の試験を受ける集団の中で答えを出すようになってる気もしてて。

三浦　ああ、おもしろいですね。そして『仁義なき戦い』はその系統だけど、同じギャング映画でも『アウトレイジ』はまた違うんですよね。数学みたいな映画だから。

糸井　そうそうそう。ほんと、そう。『アウトレイジ』は違うよね。ニヒルですよね。

三浦　ほんとにあれ、たけしさんの数学的な「Aのタマをとると、二次関数的にBに仁義を切らなきゃいけないが、結果Cが死ぬ」みたいな。

糸井　それをすごく暴力を粗末に扱って成り立たせてるゲームですよね。あと、言葉を悪くしたり。だから「何が起こるか分からない」というよりは、「こうして、こうして、こうしたら」という玉突き。

三浦　「その論理って、君、理解できる?」っていう映画ですよね、あれは。

糸井　そうね。でも今の僕には「ちょっと風が吹いたおかげでこうなっちゃった」みたいなのがおもしろいんです。『ピーキー・ブラインダーズ』にはそこがあるんですよ。7シーズンまであるらしいから、まだまだおもしろいんだろうけど。それを見終わったら、今度はコロンビアの麻薬の……

三浦　『ナルコス』。

糸井　そう、あれを観はじめたんです。またそういう話じゃないですか。つまり、プロレスですよね。「プロレスってここまであるんだ」も、表現の拡張であり。それがまた、どんどんルールが増えて、「たくさんのルールを見たり扱ったりできる人がエリート」と思われるような時代にもう一回、「いや、両方まざってるのが社会じゃない?」」と思い出させてくれるというか。

三浦 はいはいはい。

糸井 そういう表現を見ながら、**僕は最近いい歳をして、「自分ももっと暴れたい」とか思いはじめて(笑)。**

三浦 すごい失礼ですけど、僕、**糸井さんや秋元さんが暴れてる姿を見ながら、「自分たちはまだまだ暴れ方が足りないな」と思うんです。**僕、うちの会社の連中に対しては、企画のときに毎回「なんでもいいからタブーを破れ」って言うんですね。たとえば、「コピーライターをあえて大学生にしてみた」でもいい、「新聞広告で漫画をつくって、悪役として実在する三浦を登場させてみんなイラッとさせよう」でもいい、「渋谷の街中に生理用品をバーンと貼る」とかでも、なんでもいいんですけど。企画でも、チーム構成でもなんでもいいから、「何かひとつタブーを破れ」って。そういうことがなければ、いい仕事にならないと僕は思うんです。それで、毎回言うんですけど。でも今は、糸井さんとかのほうが破ってるなって気がします(笑)。でも自分たちもこれからもっと、そのあたりを強くしていきたいと思ってますね。

夢いっぱいのジャイアン

小さくなってるのに偉そうに見える

三浦　『ほぼ日』は、上場するまで何年ですか？

糸井　準備は10年近くやってましたよ。「上場しないこともあると思います」と言いながら、証券会社の人と付き合ってたんです。「レールが敷かれたからそのまま行く」というのは嫌だから。

三浦　分かります、そうですよね。

糸井　自分たちでも納得して、「さあ、ここからは行くぞ」と思ってからは2年ぐらいやってたかな。しなかったほうが良かった理由は、まだ僕にはちょっと分からないですね。三浦さんのところのGOもきっと、そういうことになるんじゃないですか。

三浦　そこはもうずっと悩んでます。そういう方向もあるのか、ないのか。「したほうがいいんだろうな」とか、「どういう意味があるんだっけ」とか。「変化と挑戦」ってこともあるんですけど、僕はやっぱりクリエイターという商売に夢を与えたいなと思っているので。ちょっとおこがましいんですけど。「コンサルタントや銀行員とはまた違うカッコいい職業があるよ」って拡めたいなと思うんで。そうするとやっぱり上場なのかなとか。でも、「会社が自分のものじゃなくなることがはたしていいんだっけ？」とかはよく話してますね。

糸井　**上場しようがしまいが、「自分のもの」みたいな所有の感覚は、そのうちなくなりますよ。**自分が思ったように動けるものじゃないから。

三浦　正直、もう今でもそうです（笑）。社長というのがこんなに社員に気を遣わなきゃいけない立場だとは、分かってなかったです。

糸井　それたぶん今後、今思ってる8倍ぐらい気を遣いますよ（笑）。今の状態で言ってるようじゃ。

三浦　ああ……。きっとそうですよね。これから先ですね。今、僕、もう会社でいちばんちっちゃくなっているんです。それでも「偉そうだ」って言われるんだから、度し難いです。

糸井　やっぱり偉そうなんじゃない？（笑）

三浦　そうなんでしょうねえ……。

糸井　吹くね（笑）。

三浦　今、経営者4年目ですけど、このあいだも社員と、もうひとりの役員と、投資家の方と、「最近どうですか」みたいな話をしてたんです。そのときに僕が「僕自身、やっぱり経営者としての自覚が出てきたんで、いろいろ考えるようになりました」という話をして、「ただ、自分のクリエイターとしての姿勢を核にはじまった会社なんで、自分が今ここまで小さくなってることが、はたして会社にとっていいことなのかどうか悩んでるんです」みたいなことを言ったら、隣にいたもうひとりの役員に「バカかおまえ。誰ひとりおまえのこと、ちっちゃくなってると思ってないぞ」って。

糸井　（笑）。そうだろうね、僕もそう思うわ。

三浦　ちっちゃくやってるつもりなんですけど、もっとなんでしょうね。

糸井　それ、ジャイアンのセリフだよ（笑）。

三浦　そうなんでしょうねえ……（笑）。

糸井　ジャイアンにインタビューしたら、「こうやってのび太とかに気を遣ってるのがもうバカらしいんですよ。さあ、一曲歌いましょう！」みたいな。

ジャイアンだって気を遣って生きている

三浦　糸井さんは、いつから気を遣うようになりましたか？

糸井　**最初の、アシスタントがひとりだったときから、ずっと気を遣ってますよ。「その人が楽しくいられますように」って。**

三浦　そういうふうに生きていくしかないですね。経営者である以上は。

糸井　つまり会社って、自分にできないことをみんなにやってもらってるってことだから。奥さんにも気を遣うように、一緒にやってくために必要なものですよ。まあ、だからみんなキャバクラに行ったりするのかもね。「気を遣われたい！」とかって（笑）。

三浦　でも僕、たぶんキャバクラ行ってもサービスしちゃうんですよね。頑張っておもしろい話をして。僕、キャバクラってほんと行かないんですけど。お酒が飲めないから、楽しくないんですよ。

糸井　僕も飲めないんですよ。
三浦　あ、お酒飲めないんですか。じゃあどうしてるんですか？
糸井　あ、いや、そもそもキャバクラに行く機会がないけど（笑）。でも大昔に行ったときは、それはそれでおもしろかったよ。歳の離れた人がそこから帰らないというだけで、すごいものだなあと。
三浦　僕、「何してるんだろう？」っていう気分になっちゃうんですよね。なんでおれ、目の前にいるのがきれいな女性ってだけで、わざわざ自己紹介して、おもしろい話で場を盛り上げようとしてんだろうなって。
糸井　その女の子たちも「自分の環境」だからさ。環境をおもしろくするんだと思って（笑）。
三浦　受け入れなきゃいけないんですかね。ほんっとに苦手なんですよ、キャバクラ（笑）。「なんだろう、これ」って思っちゃうんですよね……。
糸井　そこもジャイアンなんじゃない？
三浦　そうでしょうねえ。気を遣っちゃうんですよねえ。気を遣うジャイアン。
糸井　ジャイアンも気遣いますよ。ほんとにやっていこうと思ったら。漫画ではそんなに描かれてないけど、ほんとにジャイアンやるのって、大変ですよ。

三浦　いや、そうなんですよ。リサイタルも人集めなきゃいけないし。たぶん「ちょっと下手だ」ってことぐらい自分で気がついてますからね。「下手かもしんないな」と思いながら、歌ってますからね。

糸井　ネットで強気の三浦さんが、会社の人と一緒にインタビューを受けてるみたいな記事があったよね。あれとか見てると、まだまだこれからいろんなことが起こるんだろうなあと思っておもしろい。

三浦　(笑)。いやもう、僕、未熟が服着て歩いてるようなもんですから。

糸井　いやあ、未熟っていうか、「夢でいっぱい」に見えますよ。

三浦　あ、そうですか。

糸井　うん、夢でいっぱいに見えますよ。良くなることはもう、絶対に必要十分条件でっていう。そう思って会社をやってるんだろうなと思えるから、おもしろいですよ。

三浦　そうですね、不安ですけど、夢はいっぱいですね。僕、あきれるほど夢だらけですね。

糸井　……こんなところかな？（笑）

田中　はい。今日はおふたりとも本当にありがとうございました。

三浦　大丈夫ですか？　撮れ高、ありました？

田中　もちろんです（笑）。いつもは出ないような話題がたくさん聞けておもしろかったです。

三浦　糸井さん、今日は本当にありがとうございました。

糸井　いえいえ、こちらこそ。ありがとうね。

※本対談は、ウェブサイト『ほぼ日刊イトイ新聞』（https://www.1101.com/home.html）に２０２０年６月17日〜23日にわたって公開された全７回分をまとめ、加筆・修正のうえ、再掲載したものです。

あとがき

この本は、あなたのために書かれた。


令和は厄介な時代だ。

スマホに一日中監視され、やらなきゃいけないこと、やったほうがいいらしいことに囲まれて、本当に自分がやりたいことなんてわからなくなってしまう。

自分がやりたいことってなんだろう。

本当にやるべきことってなんだろう。

そんなことを自分自身に問いかける時間をつくることさえ難しい。

姿形の見えない世の中ってやつの空気に追いかけられて、周りの人の反応や評価を気にしてばかりで、自分の本当の感情を、自分でも知らないうちに置き去りにすることも多いだろう。

そんな時代を生きていくあなたにとって、この本が役に立てばいいと思っている。
この本には僕も含めて、10人の、あなたと同じ時代を生きている人が登場する。

10代から70代まで、年齢も性別も職業もバラバラだ。
経営者もいれば会社員もいるし、フリーランスで働いている人もいる。
でも、全員に共通していることがある。
有名ということ？　SNSで人気？　いやいや、そんなことじゃない。

全員が、自分の物語を生きているということだ。

ただし、それは優れているとか、楽に生きているということでは決してない。
むしろ、周りの人より苦しい思いをしているかもしれない。
それはこの本を読んできたあなたにはわかるはずだ。
彼ら、彼女らなりの苦しみや、悩み、闘いの軌跡が。

最近、仕事を通じていろんな人と会い、話している中で、気づいたことがある。
それは、誰の人生もそれなりにしんどい、ということだ。
他人からは華やかで人生イージーモードに見えたとしても、
周りの人には見えないところでとんでもない努力をしていたり、
周りの嫉妬やライバル心に足を引っ張られたり、その人なりの地獄をくぐり抜けて、
それでも笑って、輝いているところを周りの人に見せているのだ。

この本に出てくる人々がどんな人生を闘っているか。
そのいちばん汚い、地味な部分がどんなものかは、
僕にもあなたにもわかることはないだろう。
ただし、ひとつだけはっきりと言えるのは、
それぞれが自らの物語を描き、自分が選んだそのしんどい経験を
楽しんでいるということだ。

令和は素敵な時代だ。
スマホを通じて世界中の誰とでもすぐにつながることができる。
わからないことはたいていの場合、グーグルとＡＩが教えてくれる。
やりたいと思うことがあるならば、どんなことだってチャレンジできるはずだ。
人類の歴史上、もっとも努力が報われる可能性が高い時代なのかもしれない。

あなたも、僕も、この本を通じて巡り合った10人も、
何をしていいかわからない、でも、何かしたければなんでもできる時代に生きている。
ヒントはもう十分に見つけたはずだ。
あとは、自分の物語を生み出すだけだ。

かつて、オスカー・ワイルドはこう言った。
「オレたちはみんなドブの中にいる。でもそこから星を眺めている奴らだっているんだ」

この本を読み終えたあなたが、ふと目線を上げて、
あなたの星空を見上げてくれたら、こんなに嬉しいことはない。

＊＊＊

最後に、謝辞を。

くつざわさん、文章の仕事がどんどん幅を広げているのを嬉しく、楽しく見ています。
また困ったら連絡してね。そろそろ長編とかフィクションも読んでみたいな。
山内さん、あれからいろいろあったよな、一緒に仕事できて嬉しいよ。
このまま突っ走って、令和を代表する企業をつくってほしい。チャレンジし続けよう。
佐渡島さん、上原のサウナから帰ってこの文章を書いてます、

いつもいろんな気づきを与えてくれて、ありがとうございます。
お互いここから、頑張っていきましょう。

カツセさん、どんどん大きな存在になっている様子が眩しいよ。
このままSNSから生まれた最初の大作家になってほしい。
映画『明け方の若者たち』、楽しみにしてるよ。

正能さん、悩みは尽きないよな。簡単に答えが出るはずもないし。
ただ、簡単に答えを出さないっていう答えもあると思う。
白か黒ではなく、白と黒、そして灰色。また話そう。

郭さん、『アベプラ』はどんどんおもしろくなってるよな。
工夫し続けているのが見ていて伝わってくるよ。
もっともっといけるだろうし。またスタジオ呼んでな。

龍崎さん、あれからも何かと相談してくれてありがとう。

頼ることの楽しさ、頼られることの喜び、なんとなく伝わったんじゃないかな。

令和の観光業、盛り上げていこうぜ。


ゆうこす、最近は逆に僕が相談することも増えてきたな。いよいよ大社長の風格も出てきたし。またホルモン食べながら答えの出ない話をたくさんしよう。


糸井さん、あのタイミングでお会いできてよかったです。お話ししたことはきっと折に触れて思い出すし、そのたびに意味が変わるような気もします。

それが今から楽しみです。しばらくしたら、また会ってください。


そして集英社の志沢さん、編集の松田さん、ライターの稲田さんのお力なくして、この本が出ることはありませんでした。

つまり、あなたと僕が出会うこともなかったんだ。

僕とあなたで、最大の感謝を捧げたい。いいよね？　ありがとうございました。
いつも一緒に仕事をしてくれるＧＯやクライアント、パートナーの皆様、
友人、家族、マイメン、ナニーズ各位、僕が僕でいられるのは
あなた方一人一人のおかげです。
本当にありがとうございます。

そして何よりも、この本と出会ってくれたあなたへ。
何度でも言うよ、この本は、あなたのために書かれた。

この本の冒頭で、
「人間はみんな弱い。では強くなることは本当に大切なのか？」と問いかけた。
あなたが見つけた答えはなんだろうか。いつかどこかで話せたらいいよな。

２０２１年３月
三浦崇宏

三浦崇宏（みうらたかひろ）

1983年東京都生まれ。The Breakthrough Company GO代表、PR／クリエイティブディレクター。博報堂、TBWA\HAKUHODOを経て2017年に独立。社会の変化と挑戦にコミットすることをテーマにThe Breakthrough Company GOを設立。日本PR大賞、Campaign ASIA Young Achiever of the Year、ADFEST、フジサンケイグループ広告大賞、グッドデザイン賞、カンヌライオンズ国際クリエイティビティ・フェスティバル、ACC賞クリエイティブイノベーション部門グランプリなど受賞多数。『表現を作るのではなく、現象を創るのが仕事』が信条。明るく頼もしいキャラクターと個性で、業界内では多くの人々に公私ともに慕われ、パンチラインを連発するツイッターなどのSNS発信は強い拡散力を持ち、たくさんのファンを獲得している。著書に『言語化力 言葉にできれば人生は変わる』『超クリエイティブ「発想」×「実装」で現実を動かす』など。

※本書はウェブサイト『ビジネス インサイダー ジャパン』（https://www.businessinsider.jp/）に連載していた『GO三浦の生き様道場 いいからいけよ！』（2020年1月〜8月）に、大幅に修正・加筆、書き下ろしを加え、再編集したものです。

BUSINESS INSIDER PRIME

装丁・デザイン：照元萌子
校正：加藤 優
制作・編集：松田祐子
取材・文：稲田豊史
撮影：志賀俊明（CHAPTER 1）
伊藤圭（CHAPTER 2）
今村拓馬（CHAPTER 3、4、6、COLUMN 2）

「何者《なにもの》」かになりたい　自分《じぶん》のストーリーを生《い》きる

2021年4月10日　第1刷発行

著　者　三浦崇宏《みうらたかひろ》
発行者　樋口尚也
発行所　株式会社 集英社
〒101-8050 東京都千代田区一ツ橋2-5-10
電話　編集部 03-3230-6143
読者係 03-3230-6080
販売部 03-3230-6393（書店専用）
印刷所　中央精版印刷株式会社
製本所　株式会社ブックアート

ISBN978-4-08-788054-0 C0095